안녕, 다람살라

안녕, 다람살라

Goodbye, Dharamsala!

청전 지음

운주사

머리글

다람살라에서의 한자리 31년에 감사하고 감사하다. 그렇다고 무슨 큰 공부를 한 건 아니지만, 부처님 제자 비구로서 나 자신을 잘 지켜낼 수 있었던 감사와 보람의 세월이었다. 물론 이 모든 것은 달라이 라마께서 계셨기에 가능한 일이었다.

1987년 8월 1일 처음 존자님을 뵐 때 합장하며 손을 맞잡은 찰나에 느낀 체험을 소중히 간직하여 그 뜻을 알아차려 정리되기까지 이만큼의 시간이 걸린 것이다. 처음에는 경험 삼아 그분 곁에서 한 3년 살다가 우리 절 송광사로 돌아갈 거라고 쉽게 생각했던 것이지만, 어찌어찌 살다보니 이렇게 세월이 흘렀다.

다람살라에 머무는 동안 BBC NHK 등 전 세계 유수의 방송 매체와 인터뷰를 하곤 했는데, 그들의 질문은 간단했다. 외국인으로서 다람살라 한자리에 오래 살게 된 이유를 묻는 것이었다. 그럴 때마다 나는 달라이 라마 어르신의 숭고한 삶과 오직 부처님 제자 비구로서 보여줄 수 있는 스승의 면모를 언론 매체를 통해 밝혀오곤 했다.

나는 출가 전, 성직자라는 사람들의 위선과 폭력에 깊은 상처를 받고 종교적 갈등을 경험한 적이 있었다. 누구에게나 반말을 하고 무조건 고분고분하기를 바라는 그들의 고압적인 태도에 나는 나름의 반감을 갖고 있었다. 그러던 중 평등하고 자유로우며 열린 곳을 찾다가 출가의 길을 선택한 것이었다.

그러나 막상 절에 들어와서도 겪게 되는 위선과 폭력, 함부로 살아가는 절집의 사정과 승가에도 현실적으로 존재하는 계급의 문제에 다시금 실망할 수밖에 없었다.

종교에 계급이라니! 어떤 종교의 창시자도 그곳에 계급의 위아래를 만들지 않았다. 하지만 현실의 종교계는 어떤가? 심지어는 자신들이 만들어 놓은 자리를 놓고 다툼을 벌이는데, 부끄럽게도 그 다툼은 진리를 위한 것도 민중을 위한 것도 아닌, 일신의 권력과 명예와 이익을 위한 투쟁이었다. 싸움에 진 자는 자신들을 위한 새로운 종파, 종단을 만들고 스스로 최고의 자리에 앉는 일도 비일비재했다.

내가 존자님 곁에서 지내는 동안은 그 어떤 갈등도 투쟁도 경험할 수 없었다. 그래서 유수 매체와의 대담에서 나는 늘 자신 있게 말해왔다. 달라이 라마 존자님께 한없는 존경과 애정을 갖다보니 다람살라 한곳에서 이리 오래 살게 되었노라고.

더불어 나는 존자님에 대해 말할 때, 항상 세 가지 점을 말한다.

첫째, 위선이 없는 분이다.

둘째, 아직도 항상 경전을 가까이하며 늘 공부를 하신다.

셋째, 그 위치에서 언제나 겸손하시다.

내가 처음 공부하러 가서 상견례 면담에서 존자님께 이 나이에 "까 카 강 아, 알파벳 배워 언제 공부를 마칠까요?"하고 물었었다.

"절대 그렇지 않습니다. 저와 10년 살면 당신 나라에 돌아가 20년 봉사할 수 있고, 20년 살면 40년 봉사할 수 있습니다."

존자님의 이 말씀은 내게 큰 울림으로 다가왔다. 더러 이름 있는 여느 스님들의 말과는 근본적으로 차이가 있었기 때문이다. "이놈아, 빨리 공부 마쳐 어른 노릇 해야지."라고 군림하고 존경받는 자리를 말하는 것과는 천지차이로 달랐기 때문이다.

그렇다, 수행자는 타인을 배려할 줄 알아야 한다. 나의 희생으로 타인이 더 행복해진다면 더 큰 바람이 뭐가 있겠는가. 그런 수행자라면 보는 이마다 환희심이 일어날 것이다.

언젠가 한 번은 소위 한국의 큰스님이란 사람이 노란 옷 갖춰 입고 많은 수행원이며 기자, 촬영 팀까지 대동하고, 존자님을 찾아온 일이 있었다. 그때 통역을 하던 중에 참으로 부끄럽고 무례한 말을 통역해야 했다.

'당신은 세상에 이리 유명한데 아직까지 티베트 독립도 못하고 있느냐'는 추궁성 질문이며, '이제부터 자기가 세계에 나가서 당신 나라 독립을 돕겠다며 자기를 당신의 대리인으로 임명해 달라'는 등의 말이었다.

존자님은 이렇게 말씀하셨다.

"저의 소원은 조국 독립이 아닙니다. 저의 소원은 이 세상에서 정법을 지키고 바른 법을 펴나가는 것이랍니다."

만남이 더 이상 길어질 수가 없었다.

존자님 곁에서 오래 있었다는 이유인지, 티베트의 인권 문제를 주제로 글을 썼다는 것 때문인지는 몰라도 나는 지금 중국에 들어갈 수 없다. 필자에겐 아예 비자를 내주지 않는다. 한국인 중에도 비자가 거부되는 블랙리스트에 오른 사람이 많다고 하는데, 알고 보니 필자가 그 중에서 블랙리스트 1번으로 찍혀 있다고 한다.

나는 그것을 알고 생각했다.

'너희들이 대국이라고? 아예 소국에도 못 끼는 그런 나라가 아닌가.'

인간의 순수한 영혼을 간직한 땅, 티베트에 가고 싶다. 티베트 고원 장탕 평원과, 인연 맺은 곳곳의 많은 스님들을 다시 만나고 싶다. 못 들어간 지가 어언 15년이 지난 지금, 나를 아는 그곳의 스님들은 내가 왜 오지 않는지 얼마나 궁금하고 애가 탈 것인가.

　이 지면에 우선 함께 나누고 싶은 이야기들을 옮겨봤다. 후일에도 이어서 글을 계속 쓸 것이다. 어둡고 탁한 세상에서 나의 글이 희망과 따뜻함을 주는 위로가 된다면 이 또한 수행자의 길에서 보람된 일이 아니겠는가.

　　　　　　강원도 영월 땅 〈해탈의 정원〉에서
　　　　　　　　　　비구 청전 두손 모음

달라이 라마의 이면

여기에 밝히는 내용은 내가 존자님 가까이에서 경험했던 사실들을 처음으로 글로써 내놓는 것이다. 이러한 나의 체험들은 오래된 옛날 일이며, 누구나가 보편적으로 알 수 있는 일은 아니다. 이것은 나와 존자님의 관계에서 개인적으로 알아차린 경험이기 때문이다.

2012년 칼라차크라 행사장에서

티베트 불교 행사 중에 칼라차크라는 기간도 길고 최대의 인파가 모이는 세계적인 행사이자 법회이다. 티베트 사람이라면 이 행사에 참석하기 위해 살아간다고도 할 정도로 생애 중에 꼭 가야 할 불교 축제라고 말할 수 있다. 더욱이 주관하는 스님이 달라이 라마이다 보니 온 세계 불자들의 관심과 애정을 받는 행사가 되고 있다.

칼라차크라는 개최되기 몇 년 전에 이미 계획이 공포되며 주최 측의 준비 또한 만만치 않은 행사로서, 그야말로 법의 축제이다.

필자는 1990년 초전법륜지인 성시 바라나시 칼라차크라 행사부터 참석해 왔다. 그중에서도 2000년 여름, 해발 3,950m나 되는 스피티 키 곰빠에서 치러진 칼라차크라 행사는 잊을 수 없는 감동으로 기억된다. 참석하는 법회 자체도 의미가 있었지만 행사에 참가하러 오는 곳곳의 지인들을 모두 만난다는 게 보통 흥겨운 일이 아니었다.

부처님 성도지 부다가야에서 치러진 2012년 겨울 칼라차크라 법회행사는 단연 돋보였다. 이곳은 불교 성지 중 첫 번째로 가봐야 할 성지이기 때문이기도 하지만, 장소도 넓고 날씨도 온화하며 전 세계에서 20만 명이 모인 행사였다. 80여 나라에서 온 외국인만 해도 팔구천 명이었다. 행사지 비하르 주 정부에서도 행사의 안전과 편리를 위해 역대 최대 규모의 경찰을 동원하여 도움을 주었다.

15일간이라는 긴 행사 일정뿐만 아니라 달라이 라마의 법문과 당신이 직접 행사를 주관하기 때문에 행사 기간 내내 대성황을 이뤘다.

오전 오후 내내 맨땅에 앉아서 행사를 치러야 하는 인고의 시간이기도 하지만, 거기 모인 누구나가 환희심 속에서 길고

달라이 라마 성하

긴 행사를 즐겁게 치르게 된다.

축제 마지막 날엔 장막 안에서 정성껏 제작된 칼라차크라 모래 만다라를 모두가 참배하는 시간을 갖는다. 참배가 끝난 다음에는 애써 만든 만다라를 흩어 모아서 색색의 모래를 물에 흘러보내는 의식으로 이 긴 축제는 끝이 난다.

이때의 행사에서 오래도록 기억에 남는 일이 있다. 오후 두 시 무렵, 갑자기 티베트말로 존자님께서 나오신다는 예정에 없던 행차 안내방송이 흘러 나왔다. 이번 칼라차크라 행사에 멀리 중국 땅 티베트 본토에서 넘어온 티베트 사람들만 따로 모이라는 방송이었다.

사실 본토 티베트인으로서 중국에서 인도까지 넘어오는 일은 세계 어느 나라를 가는 것보다 어려운 관문이기도 하다. 중국 정부에서는 사사건건 달라이 라마를 비방하고 중국 정치의 적 1호로 낙인찍은 지 오래다. 오가는 티베트 사람들을 얼마나 까다롭게 조사하며 닦달을 하는지 모른다.

안내 방송이 나온 후, 나는 호기심도 생기고 해서 끼노르 스님 뻬마의 안내를 받아 그 모임에는 섞이지 않고, 그냥 멀리서 어떤 만남이 이루어지는가를 볼 생각이었다. 이미 불자들은 하얀 카타를 양손에 받쳐 들고 존자님이 나오시기만을 기다리고 있었다.

드디어 존자님이 수행원들과 함께 오셔서 모여 있는 본토

존자님의 손이라도 잡고 싶어 하는 사람들

티베트 사람들 앞에 섰다. 으레 하시듯 손을 들어 인사와 답례를 하던 중 경호원에게 뒤에 서 있는 한 할머니를 앞으로 나오도록 하셨다.

영문도 모른 채 할머니가 하얀 카타를 가슴에 받쳐 들고 조심스레 존자님 앞으로 다가섰다. 그때 존자님께서 합장을 하시며 그 할머니께 90도 각도의 절을 올리셨다. 그리고는 말씀하셨다.

"당신께서 새벽마다 나를 위해 뜨거운 버터차를 매일 올려주셔서 제가 참으로 고맙고 맛있게 마시고 있어요. 도체체, 도체체(감사합니다)!"

그 할머니는 눈물을 흘리며 어쩔 줄 몰라 했다.

이때 나는 출가 이후 느껴보지 못한 가장 큰 전율의 감응 속에서 나를 비춰볼 수 있었다. 뒤통수를 맞은 듯 큰 감동과 충격이었다. 우리가 온갖 음식과 꽃, 과일, 향 등을 부처님께 올릴 때 과연 이 모든 것을 시방삼세의 부처님께서 직접 드신다는 생각으로 지극하게 하고 있는가? 그저 습관처럼 의식으로서 해오는 게 아니었을까? 그 누가 공양을 올리면서 그 공양을 드실 분들을 공경히 정성스럽게 떠올려 보기나 했겠는가? 그저 시간이 되면 으레이 판에 박힌 대로 의식을 진행할 뿐이지는 않는가?

그때 존자님의 말씀은 그 어떤 법문이나 법회장에서도 느껴보지 못한 크나큰 충격과 내적인 희열을 느끼게 했다. 나는 법열 속에서 그 만남을 지켜보았다.

'그렇구나, 참으로 그렇구나! 나의 정성이 배인, 헌신과 희생을 바탕으로 하는 헌공과 예배를 법계의 부처님과 스승들이 현존으로 보고 계시는구나.'

나는 그 만남을 지켜보는 것에서 커다란 수행의 힘을 얻었다. 더 나아가 내가 이 지구상에 존재하면서 하는 모든 생각과 말과 행동을 법계의 부처님과 스승들은 언제나 다 알고 계신다는 것을 알았다.

성산 순례 중 나의 개인적인 체험을 다 알아차리시다

세월이 많이 흘렀지만 이 사건은 아직도 뚜렷한 기억으로 남아 있다. 한국과 중국의 수교가 1992년 8월에 수립되었다. 그 이전까지는 한국인이 중국에 간다는 것이 무척 어려웠던 것으로 안다. 정식 외교관계가 수립되면서 드디어 비자를 받아 중국에 입국하는 것이 가능해진 것이다. 1993년 6월에 꿈에도 그리던 수미산, 즉 티베트의 성산 카일라스 순례 길에 나서게 되었다. 얼마나 가보고 싶었던 성산聖山이었던가.

6·25 이후 중국과 적대국 관계로 지내오다가 1992년 국교 수립을 하였지만, 수교 초기에는 중국은 여전히 적성국가로 분류되어 입국 전에는 한국 정부에 신고를 해야 했다. 나는 이를 간과하였고, 중국에 다녀온 뒤 한국 공항에서 한 폼 잡는 것도 잠시, 적성국가인 중국에 왜 허가 없이 갔느냐며 여권을 압수당했다. 그리고 우리 절 송광사 관할지역인 순천 경찰서 정보과에 출두해서 까다로운 조사와 다짐을 받은 일도 있었다.

수교 직후, 파키스탄 이슬라마바드 중국 대사관에서 비자를 받고 길기트 훈자를 거치는 캐라코람 하이웨이를 주파하여 중국 서쪽 끝 신장성 카쉬가르로 입국을 했다. 막상 우루무치와

돈황을 거쳐 청해성 꺼얼무까지는 쉽게 갈 수 있었으나, 거기서부터 티베트 라싸에 들어가는 건 여러 가지 제약이 따랐다.

외국인들이 모여 중국정부여행사를 통해 허가서를 받아 차량을 준비해야 하니 인원이 다 찰 때까지 기다리는 일 말고는 달리 방법이 없었다. 이국땅에서 특별하게 하는 일 없이 시간 보내기는 꽤나 고역이었다.

어찌어찌하여 근 열흘을 보내고 나니 외국인이 20여 명이 모아졌다. 요금도 자국민의 열 배나 지불해야 되는 억지에도 꼼짝없이 따라야만 했고, 미리 여권을 수거해서 이튿날 라싸에 도착한 뒤에야 되돌려 주었다. 정해진 규칙이 있는 것도 아니고 절차도 없이 막무가내인 외국인 차별로 우리는 열 배의 차비를 내지 않으면 라싸에 들어갈 수 없던 그런 시절이었다.

난방도 없는 구닥다리 털팽이(달팽이의 경상도 방언) 밤 버스로 고생고생하며 라싸에 들어가니 거기서는 제약이 더 많았다. 모든 신상을 등록한 후라야 여관도 배정 받을 수 있었고, 어디를 가건 여행사를 통해서 허가서를 받아야만 했으니 혼자서 따로 여행을 한다는 건 엄두도 낼 수 없었다.

그러니 인도와 국경에 있는 카일라스를 간다는 것은 상상 이상의 제약과 터무니없는 비용 때문에 어림도 없는 상황이었다. 당시에 내가 했던 성산 순례는 여행사를 통해서 많은 비용을 내고 정해진 일정에 따라야만 되는 여행으로, 개인의 일정이라고는 처음부터 불가능한 일이었다.

　비용을 내고 여행 그룹에 합류한다면 쉽게 성산을 다녀올 수는 있었다. 그러나 순례란 무엇인가. 관광하듯 주마간산으로 사진이나 찍고 오는 데에만 열중한다면 이것을 어찌 성지 순례라고 할 수 있겠는가. 순례란 가고 오는 과정에서부터 자신을 돌이켜보고, 순례 과정을 통해 자신의 인생길이나 수행길에 의미 있는 변화를 가져와야 하는 것이 아닌가.

　무려 열흘이 넘도록 이곳저곳 참배한 끝에 내린 나의 결정은, 그 옛날 구법 수도승들의 길을 따라 직성이 풀릴 때까지 걸어보는 것이었다. 라싸에서 근 3,000km 거리에 있으며 변변한 길도 없는 그 성산까지 걸어가 보기로 결심한 것이다. 천만다행으로 중국 공안公安의 눈을 피해 몇 번의 검문도 무사히 넘기고 어느 지점부터는 그런 통제에서 벗어난 길을 홀로 걸어갈 수가 있었다.

　갈림길이나 강을 건널 때 공안이 다가와 일일이 검문 검색할 때는 몹시 긴장이 되었지만, 다행이도 티베트 사람으로 가장한 것이 통했다. 승복은 큰 중국제 가방에 감춰두고 모택동이 쓰던 꼴사나운 인민 모자를 쓰고 티베트 장족으로 변장한 것이었다. 순례과정의 소소한 이야기들은 이미 『달라이 라마와 함께 지낸 20년』이란 책에 상세히 서술해 놓았다.

　나는 긴긴 도보 순례를 마치고 인도로 들어가 존자님을 뵈

성산 카일라스와 마나사로바(마팜윰초) 호수

면 순례 당시 체험했던 궁금증을 말씀드리고 나름대로 확인하여 해답을 찾고자 했었다. 그때 내 질문의 가짓수는 열 개가 넘었다.

내가 존자님을 뵙고 일체의 형식도 접어버린 채, 성산 순례를 다녀왔다는 인사를 올리자마자 존자님께서는 따발총 같은 말투로 내가 개인적으로 체험하여 나만의 비밀이랄 수 있는 나의 질문사항을 모두 말씀하셨다.

내가 미처 질문도 하기 전에 이러저러한 것들을 어디 어디에서 보고 체험하지 않았느냐고 하시는 말씀에 나는 깜짝 놀라고 말았다. 존자님의 수행력이나 비범함에 대해서는 진즉에 알고 있었지만, 내가 묻기도 전에 당신의 점검을 당하고는 앞발뒷발 다 들어버린 꼴이었다. 꿈인 듯 환幻인 듯 개인의 체험들을 어찌 그리 세세히 정확하게 알 수 있단 말인가.

그날 이후 확고하고 절대 스승이 되어 그 한자리에서 30년 넘는 내 수행길이 마련된 것이었으니, 감사하고 감사한 일이 아닌가.

진리의 길을 찾는 수행자에게는 반드시 스승이 있어야 한다. 진리의 길을 보여주고 그 길로 이끌어주는 그런 스승 말이다. 내 목숨을 내 놓을 수도 있는 스승이 있어야만 한다.

지금 막상 한국에 들어오고 보니 잘나고 똑똑한 분들은 많은데 사람들을 따뜻하게 이끌고 밝은 길을 보여주는 눈 밝은 스승은 만나기가 쉽지 않아 보인다. 우리 민중의 불행이 바로 이것이지, 행복이란 게 어디 부자 되어 잘 살고 잘 먹는 경제 발전에만 있겠는가.

티베트 불교에는 정신적 수행자로서 스승과 제자 간에 절대적인 명제가 있다.

"스승이 제자를 잘못 삼음은 독약을 먹는 것과 같고, 제자가 스승을 잘못 선택하는 것은 천 길 낭떠러지에 뛰어드는 것과 같다."

델리대학교 통역 학생

1990년도로 기억된다. 한국의 어느 TV 방송국에서 다람살라로 달라이 라마 취재 촬영을 왔다. 한국 사람들이 외국에 나가면 언어문제에서 걸림돌이 되기 일쑤다. 그때 촬영 팀은 미리 델리대학교의 한 학생을 통역 도우미로 섭외하여 함께 올라왔다. 그런데 와서 보니 티베트 말을 구사하는 한국인 스님이 있었으니, 그들 입장에선 아주 일이 다행스럽게 되었다.

당시 취재 팀은 총 네 명이었고 통역 학생과 나를 포함해서 여섯 명이 취재 전 존자님을 뵙는 상견례를 가졌다. 일일이 악수를 하시며 마지막 학생 차례에 이르자 존자님께서 의외의 말씀을 하셨다.

24

"학생은 7년 전 심라 대학교에서 나에게 진리가 무엇이냐고 물었지요?"

오히려 더 놀란 사람은 통역으로 온 학생이었다. 이후 학생의 말을 간추려보니, 무려 7년 전에 심라 대학교에서 달라이 라마의 강연이 있어 우연히 강연에 참석을 했었고, 근 삼천여 명의 학생들을 일일이 악수로 맞았는데 그때 자기 차례가 오자 바로 그 질문을 했다는 것이다. 많은 시간이 지났고 또 그 자리에서만도 수많은 학생을 만났는데 유독 질문한 자신을 여기서 콕 집어 기억한 것이 놀랍다고 했다.

불망념지不忘念智라는 말이 있다. 어떤 경전이든 한 번 보기만 하여도 다 기억하며 지나온 세월의 어떤 사건도 잊지 않는다는 것이다. 나는 내심 존자님은 이런 경지를 이미 다 갖추셨다고 생각한다.

우리나라 고승 중에도 구한말의 수월 스님은 불망념지를 얻었다고 한다. 그런 경지라는 게 쉬운 노력으로 갖춰지는 것일까. 누구라도 공부 잘하는 이라면 갖출 수 있는 경지이기는 하지만, 세속인은 그 경지에 집착하나 출가인은 집착하지 않는다는 점이 다르다.

수행을 하다 보면 신통의 경계는 저절로 온다고 한다. 하지만 깨달음의 경지는 아니기에 수행자는 집착하지 않고 수행을 이어갈 뿐이다. 필자는 언제부터인가 나이 들어 점점 기억력이 쇠퇴해가니, 어서 열심히 정진하여 그런 불망념지의 경지를 얻고 싶다.

보름이 넘는 기간에 TV 방송국 취재 팀은 곳곳에서 인터뷰며 갖가지 촬영을 해가지고 갔다. 이후 한국에서 방영된 비디오테이프를 보내주어서 보는 중에 나는 몇 차례나 피식 웃고 말았다. 억지스런 짜깁기며 당사자가 하지도 않은 말들을 사이사이에 집어넣어 편집한 프로그램이 어찌나 진정성이 떨어지던지, 크게 실망하고 말았다.

예를 들면 한 아주머니에게 여기에서 저기까지 티베트 식절 전체투지를 해주면 얼마의 돈을 주겠다고 하여 그 장면을 찍어갔다. 헌데 편집되어 절하는 장면을 보여주며 나레이터가 하는 말이, "이 티벳 여인은 고향 조국 티베트의 독립을 염원하며 매일 아침 이렇게 절을 해갑니다!"라고 하였다. 억지로 시청자가 감동하도록 조짜배기 말이나 영상을 꾸며 넣은 것이다.

티베트 불교에서의 탑은
부처님 마음을 상징한다.

존자님이 친히 주시는 성물

다람살라에서는 달라이 라마의 연중 법회가 몇 차례 베풀어진다. 그 중에서 아시아 불자들을 위한 법회로 특별히 대만, 한국, 몽골, 러시아 불자들에게는 따로 시간을 내서 법문을 해주신다. 법문 후에는 질의응답 시간이 있는데, 자상하게 말씀하시는 모습이 마치 아이들과 정담을 나누는 할아버지 같은 인상이다.

질의응답 후에 기념사진을 찍고 당신 앞으로 한 사람씩 지나갈 때 친히 자그마한 불상을 한 개씩 나눠 주시는 것으로 법회가 끝난다. 매년 되풀이되는 과정으로, 모든 참석자들은 감사하며 환희심으로 정중히 불상을 받아간다.

그런데 한번은 당신께서 불상을 건네주면서 "저 사람 두 번째 받아가네."라고 하시며 옆에 있는 나에게 말씀하셨다. 그 다음에는 줄지어 다가오는 사람들에게 불상을 주시다가 어떤 사람이 앞에 오자 주려던 불상을 거두시며 "이 사람은 세 번째 왔군!" 하시는 게 아닌가.

이 바쁜 와중에 어떻게 지나가는 수많은 사람들을 다 기억하실 수가 있는지 나는 다시금 놀랄 수밖에 없었다. 이런 일이 보통사람으로서 가능하단 말인가. 눈이 열린 사람은 때와 장소를 가리지 않고 사람의 많고 적음에 관계없이 전체를 알아

딱나 린포체의 환생자
아기(사진 지승도)

차리는 지혜의 눈인 혜안慧眼과 하늘눈인 천안天眼을 가지게
된다는 것을 나는 그 자리에서 배웠다.

우리가 공부 중에 한 꺼풀씩 벗는 체험과 참 사람으로 변화
되어 익어갈 때 우리 눈은 불가사의의 눈을 갖추는데 육안肉眼
에서 혜안, 천안, 법안法眼, 그리고 마지막 단계로 부처님 눈인
불안佛眼을 갖추게 된다고 한다.

이후 법회 마지막 날엔 미리 불상을 두 번 받아가는 무례를
범하지 않도록 거듭 당부의 말을 하게 되었음은 물론이다.

요즘은 법회 마지막에 불상을 나눠주는 아름다운 순서는 아
쉽게도 없어졌다. 많게는 몇 천 명의 법문 참가자가 오다 보니
운영상의 어려움과 시간상의 문제도 따르고 해서 사라져버린
순서가 되었다. 내 불단에는 그 법회 때마다 받은 예쁜 불상들
이 모셔져 있고 누구든 원하면 두말 않고 드린다.

등신불

인도 히말라야의 많고 많은 산자락 중에 라훌 스피티라는 계곡이 있다. 행정적으로는 라닥 지방이 아닌, 내가 살았던 히마찰 프라데쉬 주에 속한다. 예로부터 많은 수행자들의 보금자리로 알려져 왔으며, 다른 이름으로는 "다키니 랜드", 즉 "하늘 수행자의 땅"이라고 불린다.

그곳에 모셔져 있는 등신불을 참배하려면 까다로운 특별 허가서가 필요하다. 그 산 너머는 티베트 땅, 즉 중국 국경을 마주하고 있기 때문이다.

1962년, 인도 군인들은 군사도로를 내기 위해 모래 산비탈을 깎아내리고 있었다. 그때 갑자기 한 군인이 비명을 지르며 나자빠졌다. 모래더미 속에서 눈을 뜬 채 쪼그려 앉은 사람이 나온 것이다. 척박한 산속, 그것도 땅 속에서 진짜 사람의 형상이 나오다니! 당시 어느 군인이 핀으로 살을 찌르니 피가 툭 튀며 베어나왔다고도 한다. 한 손에는 염주를 쥐고 있는 게 누가 보아도 수행자의 모습이었다.

인도인의 종교적인 정서상 극진히 잘 모시는 것은 당연한 일, 그분은 삽시간에 주민들에게 알려졌으며 "겔롱 깜뽀"(삐쩍 마른 비구스님)로 불리기 시작했다.

인도 신문에도 보도가 되었고, 훗날 TV 디스커버리 탐사 팀

스피티 계곡에서 발견된 미이라 등신불(사진 전제우)

이 학자들과 함께 와서 첨단 과학 장비를 갖춘 탄성파 검사를 한 결과, 550년 전의 시신(몸)으로 확인되었다. 후에 이 사실은 전 세계로 방영되었다.

필자도 소문으로만 들어오다가 10여 년 전에 호기심으로 찾아갈 기회가 서너 번 있었다. 그러다가 작년 8월 일행과 함께, 마치 취재기자가 된 양 정밀 조사를 하게 되었다.

이제는 발굴 당시의 사람 모습에서 습기가 다 말라버려 뼈와 살가죽만 달라붙어 앙상한 채로 미라가 된 모습이다. 언뜻 파키스탄 라호르 박물관의 붓다 고행상이 떠올랐다.

머리털도 좀 자랐고 손톱도 자랐으며 속눈썹까지 사람으로서 갖출 건 다 완벽하게 갖추어 있었다. 치아와 치아 사이는 종이 한 장이 들어갈 만큼 약간 벌어진 상태이다. 이것은 분명 번뇌를 모두 여읜 수행자의 자태로서 수행 중에 나타날 수 있는 현상이었다. 적정삼매 상태에 들었다가 몸은 그대로 둔 채 윤회계를 벗어나 해탈하여 자신의 몸으로 다시 돌아오지 않은 모습을 보여주는 것이었다. 아라한의 경지를 성취한 상태인 것이다. 우리는 흙투성이의 맨 바닥에 이마를 드리우며 합장 삼배의 예로 찬탄과 감사의 절을 올렸다.

더욱 놀라운 일은 달라이 라마께서 이 등신불 수행자의 전생을 선정 중에서 밝혀내 공포하신 것이었다. 거의 600년 전까지 되돌아가서 그 사람의 전생을 알아내셨는데, 그는 난행

고행難行苦行의 은둔자, 비구 스님으로 그의 이름은 뚤꾸 쌍악
뗀진이라고 하였다.

우리 정신계의 의식 차원은 신비 자체이기도 하다. 몸은 죽
지만 바로 이 의식, 영혼은 인연을 따라 시간과 함께 이어지게
되는 것이다. 그래서 모든 종교에서는 죽음 이후 사후세계를
말하고 있으며, 지금의 이 삶이 다음 세계, 즉 내생으로 이어
지는 것이다. 업과 번뇌 작용의 연기법으로 말이다.

결국 우리가 참으로 풀어야 될 과제는 우리 의식의 규명인
것이다. 존자께서는 지금 이곳에서 더 많은 행복을 이루기 위
해서는 경제발전이 아닌, 지금 '나'라고 하는 의식의 규명만이
참 행복의 길임을 누차 말씀하셨다.

지금 여기서 착하게 살아야 한다. 법(진리)을 따르려는 수행
자라면 늘 의식이 깨어 있어야 한다. 이 의식의 규명이 바로
깨달음인 것이다. 잠을 잘 때도, 꿈을 꾸는 그 의식의 유희를
알아차려야 하는 것이다.

우리 모두는 지금 여기now and here, 이 자리에 있음을 잊지
말아야 할 것이다. 그럴 때 과거 미래가 모두 지금 이곳의 현
재에 있게 되는 것이다.

오래 전의 스피티 황량한 계곡, 한 수행자의 등신불 친견이
현재의 내 삶에도 신선한 충격으로 늘 함께하고 있다. 지금 이
런 원인과 조건 지어진 모든 인연 결과인 연기법에 감사한다.

* 아래에 붙인 시는 멀리서 높은 산 흰 구름과 벗하며 고요하게 드러나지
  않는 수행을 고집하는 도반이 보내 온 아름다운 시이다.

나는 이름 없는 해동의 진언행자

대비공지大悲空智의 길을 가는 자.

보리달마의 수연행隨緣行을 배우며

세월 따라 바람 따라 홀로 가는 자.

강돌처럼 구르고 조약돌처럼 부서져

강변의 금모래가 되어 반짝이는 자.

사상산四相山의 흙바람이 싫고 싫어

설산에 살며 무생의 약초를 캐는 자.

나도 만난다네, 살면서 숱한 사람을.

진속塵俗의 길목에서 만나는 인연들 속에

일부는 이교도의 사견邪見자임을 알기에

절복折伏은 있어도 배려는 있지 않다네.

난 염리厭離를 닦아 출리出離를 구하는 하근행자下根行者

밀라의 고독과 깨진 밥그릇을 사랑하고

쫑카의 학덕과 연화생을 수증하기 바빠

배려라는 희론의 낚시를 던질 틈 없다네.

난 선행도 기억 않고 활자로 안 박아도
두 발로 쓴 기록은 대지의 표면에 찍히고
사념의 숨결로 쓴 글자는 허공에 박히니
이것이 내 방식 알든 모르든 난 좋다네.

◉ 2014년 2월 23일 오후 월칭논사의 『입중론』 「현전지품」
을 읽다가 "기회가 있다면 이웃을 배려하는 나날이시기를,
삶에 착하고 좋은 일 할 때가 가장 행복이지라. 그것도 안
드러나게."라는 청전 스님의 아름다운 메일을 받고 이에 화
답하고자 들꽃산방에서 부족한 도반이 쓴다.

꿈속의 치료

가끔 뜬금없이 모르는 사람의 편지를 받을 때가 있다. 한 번은
한국에 나오면 꼭 만나자는 내용의 편지를 받았는데, 평생 원
인을 알 수 없는 불치병에 시달린 사람이라고 하였다. 어떤 병
원에서도 병명을 밝혀내지 못했고, 처방을 받아 수없이 많은
약을 먹어봤지만 조금의 차도도 없었다고 한다. 별의별 약을
다 먹었지만 머리는 무겁고 늘 고통 속에서 맑은 하루를 보낸

적이 없었다고 했다.

그런데 어느 날, 꿈속에서 달라이 라마를 뵙고는 씻은 듯이 통증이 없어져서 평생 동안 시달렸던 고통이 말끔하게 가셔버린 것이다.

자신은 평소 달라이 라마도 몰랐었고, 나중에야 그 빨간 승복을 입고 오신 분이 존자님임을 알았다고 한다. 꿈속에서 그분이 머리에 손을 대고 입으로 훅 하고 기운을 불어넣어 주시며 그간 고생이 많았노라고 위로의 말씀을 주시기도 했단다. 그 뒤 평생의 고통이 거짓말처럼 가셨다는 편지글과 함께 존자님께 감사의 보시금을 전해 왔다.

내가 존자님을 뵙고 저간의 사정과 함께 공양을 올렸더니, 존자님이 말씀하셨다.

"아니지요, 나는 그런 능력도 없고 당신 나라에서 비자도 안 주는데 어찌 갑니까? 본인의 지극한 불심과 믿음의 가피로 치료된 것이겠지요."

그러면서 그저 웃으셨다.

한 번은 사우디에서 부부가 찾아와서 몸 안의 말기 암이 존자님의 가피로 나았다며 눈물로 감사의 표현을 한 적이 있다. 그때도 다만 이렇게 말씀할 뿐이었다.

"모두가 당신들의 믿음이지요. 저에겐 그런 힘이 없어요. 자 보세요, 저도 여기가 아파서 약을 바르거든요."

쟌스카 계곡 입구의
랑둠 곰빠
(사진 전제우)

그러고는 당신 팔의 생채기를 보여주셨다. 이어서 물 한 모금을 마시고는 또 말씀하셨다.

"내가 관음보살이라고도 하는데요, 실제 부처라면 이리 아프고 목마르고 할까요. 저는 우리 석가모니부처님의 제자 비구일 뿐이랍니다."

존자님께서는 한사코 그런 능력이나 힘이 없음을 말씀하셨다. 착하게 남을 위한 삶을 사는 것이 참 행복이라는 덕담과 함께 불상과 탱화 하나를 주셨다.

이런 현상들은 우리의 일반적인 사고로 헤아릴 수 있는 세계는 아니지 않는가!

전의典醫

송광사로 출가하여 노인 어르신을 스승으로 모시고 중노릇을 하고 있을 때, 가끔 서울에서 의원이라고 오는 신도 분, 그리고 이 시대에는 없는 상궁이라 불리던 곱디고운 할머니들도 왔다. 알고 보니 그분들은 역사의 비극을 한 몸에 지녔던 마지막 황후 윤비의 주치의였고, 상궁이라 불리던 할머니들은 윤비 황모皇母를 평생 모셔온 상궁들이었다.

이분들은 은사 스님과 인연되어 스님이 살아계시는 동안은 약도 지어오고, 또 상궁이었다는 할머니들은 귀한 옛 궁중 음식을 만들어오곤 했다. 당시 윤비가 서거한 후에 49재도 은사 스님이 머물던 조그만 강원도 산골 암자에서 지냈다.

우리나라에서는 전의가 임금의 건강을 살필 때, 감히 왕의 신체를 만질 수 없어서 명주실 타래를 이용해서 맥脈을 짚어 몸 상태를 진찰했다고 하니 가히 신기에 가깝다 하겠다.

티베트에도 전의가 있다. 바로 달라이 라마의 주치의이다.

지금도 살아계시는데 올해 95세의 비구 스님으로서 명의로 널리 알려져 있다. 지난해 마지막이 될지도 모를 만남에서 존자님의 현재 건강을 물으니 이 상태라면 백세도 무난하다고 하셨다(출판사에서 출간을 준비하던 중인 2019년 11월 26일 96세의 나이로 입적하셨다). 세월 앞에 장사 없다고, 달라이 라마도 올해(2019년) 85세로 장거리 비행을 해야 하는 먼 곳의 법문은 현재로선 계획에 없다.

내가 한 번은 몸도 찌뿌듯하고 소화도 더디어 노스님 전의를 찾아가 팔을 내밀었다. 스님이 내 손목 맥을 짚더니 빙긋 웃으며 옆 사람이 듣지 못하게 조그만 소리로 내 귀에 대고 말씀하셨다.

"꼬레아 비구 스님, 당신 몸 안에 ○○가 있어요."

사실 그때 나는 정말 많이 놀랐다. 티베트 불교 수행 길에 함부로 말할 수 없고 드러낼 수도 없는 비밀수행 통과의례가 있다. 거기서 터득하는 묘한 수행 중의 현상을 갖출 수 있는데, 내 몸 안에 그걸 알고 있는 사람은 달라이 라마와 내게 이 비밀관정을 준 라마 외엔 누구도 알 수 없는 그런 것이었다.

그런데 이 전의 비구 스님이 그걸 알아차린 것이었다. 그간 중국이나 티베트, 한국의 저명하다는 의원, 더 나아가 인도 고유의 아유르베다 의원까지도 내 맥을 짚어본 후 그 누구도 이것을 말한 의원은 없었다. 이런 신기에 가까운 의술을 어떻게

달라이 라마의 전의 비구 예세 된댄 노스님

터득하는 것일까? 또 제자에게는 어떤 방법으로 이 비밀스런 법을 전수해 주는 것일까?

달라이 라마께서 법문 중 이런 말씀을 하셨다.

"풍요로운 시대에 잘 먹고 잘 입고 편리한 삶을 누리는데도 우리 인류는 여러 불치병, 난치병에 시달리고 알 수 없는 불안 속에 사는 이가 많습니다. 과연 병 없이 오래 살기 위하여 영양가 많은 음식을 먹고, 여러 가지 영양제라는 약을 챙겨 먹는 게 무병장수의 원인이 될까요? 아니, 절대 그렇지 않습니다."

그리고 이어서 다음의 말씀을 하셨다.

"미국에서 자격을 갖춘 수백 명의 의사들이 병에 걸리지 않고 건강하고 행복하게 사는 방법을 연구했습니다. 몇 년간의 과학적인 임상실험을 통해 발표한 최종 보고서에는, 우리가 불치병에 안 걸리고 건강한 삶을 유지하기 위해 필요한 것은 무엇을 먹고 안 먹고의 문제가 아니고, 어떤 운동을 하고 안 하고의 문제가 아닌, 마음의 평안이 최고라고 했습니다. 자기 희생을 기반으로 하는 큰 사랑의 실천과 자비로운 삶만이 어떤 고질병으로부터도 벗어날 수 있다고 했습니다. 마더 테레사와 같은 숭고한 자기 헌신과 큰 사랑의 마음을 가진 사람은 어떤 병에서도 벗어나서 그 마음속에 아름다운 삶, 장수의 인생을 이룬다고 합니다."

어찌 보면 선진국일수록 복잡한 병명의 환자가 많지 않은

가. 최고의 약, 최고의 질병 예방법은 무엇인가를 노 비구 예세 된댄 스님께 물었다. 스님은 이에 "큰 보리심의 실천"이라고 대답하셨다.

남을 배려하는 사랑과 연민의 마음에서 지극한 기쁨의 맘 편한 삶이 이뤄지기에 저절로 장수한다고 한다. 2,500년 전 우리 부처님께서 "모든 병은 어디에서 오는가?"라는 물음에, "모든 병은 음식에서부터 기인한다."라고 하셨다.

우리 역사의 보배로운 고전 『석보상절』에도 싯달타의 늙음과 병 등에 관한 이야기에서, 다음과 같이 말하고 있다.

"어찌 늙는다고 하느냐?"

대답하되

"예전에 젊던 사람도 오래 되면 늙으니 인생에 (늙음을) 면할 사람은 없습니다."

태자께서 이르셨다.

"사람의 목숨이 흐르는 물 같아서 머물지 못하나보다."

그렇게 하시고 돌아와 세간의 슬픈 마음이 깊어지셨다.

다음에 남문 밖에 나가시니 정거천이 병든 사람이 되어 길가에 누웠거늘, 태자께서 물으셨다.

모시던 신하가 대답하였다.

"이 사람은 병든 사람입니다. 입의 번뇌를 못 참아 음식을 너무 많이 먹으면 병이 나는 것이니 인생에 면할 사람이 없습니다."

  지금 우리가 즐겨 먹는 음식만 해도 입에 맞는 인스턴트가 얼마나 많은가. 우리의 소중한 몸을 바른 음식으로 기르고, 남을 배려하는 착한 삶, 헌신의 삶을 산다면 병 없는 아름다운 인생길이 아니겠는가.

달라이 라마의 침실

내 삶의 인도 다람살라 한자리 31년은, 인생길인 비구 수행길의 바탕이자 뿌리가 되었다.

특히 달라이 라마 어른 스님의 곁에서 살아왔다는 것은 나의 축복이며 가피의 세월이었음을 확신한다. 이국인으로서 존자님의 곁에서 오래 지내다보니 좁은 사고방식이나 고정관념에서 벗어나고자 넓고 깊은 사유의 자량으로서 종교와 철학, 문학, 역사, 예술, 신화에 이르기까지 폭 넓게 섭렵하게 되었다.

무슨 인연이었는지, 누구도 이것만큼은 허락되지 않을, 달라이 라마의 개인 침실에 들어간 것이 두 번이나 된다. 나이 지극한 시자 스님도, "한국 비구 스님은 복이 많아요. 이 방은 나 외에 누구도 들어와 본 적이 없는데 말이에요."라며 웃었다.

그리 크지 않은 방에는 침대와 불단이 두 군데의 공간을 차지하고 있을 뿐이었다. 그리고 안쪽으로 화장실과 욕실이 있었다.

불단에는 티베트에서 넘어올 때 어렵게 운반해온 역대 달라이 라마가 대대로 모셔온, 흙으로 만들어진 토불±佛 관세음보살 입상이 모셔져 있었다. 1959년 급한 탈출 망명길에 온전하게 모셔올 수가 없어 여섯 부분으로 나누어 모셔와 여기서 다시 붙여 놓은 불상이라고 한다.

이 관세음보살 입상은 연중 한 번은 왕궁 밖으로 모셔서 일반인들도 참배할 수 있도록 하고 있다. 그때는 참배객들로 인산인해를 이루는 것은 당연하다.

존자님의 침상 머리맡에도 불상이 모셔져 있다. 찬란한 황금 불상이 아닌, 나무로 조각된 석가모니 고오타마 싯다르타의 고행상이다. 성하께서는 말씀하셨다.

"꼬레아 겔롱라(한국 비구 스님), 흔히 우리가 부처님이라고 하면 휘황찬란한 영광스러운 황금 불상을 생각하지요. 출가 비구는 그런 생각에서 벗어나야 합니다. 우리 출가자들은 적어도 부처님을 기릴 때 붓다 이전의 이런 난행고행의 부처님을 염두에 두어야 합니다. 이러한 과정 없이 어떤 붓다도 없었지요. 우리는 이 과정을 실천하여야 마지막 깨달음에 이르니까요. 이런 난행고행의 과정이 우리 비구들의 삶이어야 합니다."

그때 존자님의 말씀 이후 나는 부처님의 모습을 생각할 때

달라이 라마 침실 불단의 관세음보살상

일 년에 한 번 일반인들이 참배할 수 있도록 밖으로 모셔 나간다.

휘황찬란한 영광의 황금 부처라는 고정관념에서 벗어나게 되었다.

2019년 여름 파키스탄을 방문했을 때 라호르 박물관의 고행 부처님상을 친견하면서 전과는 다른 전율을 온몸으로 느꼈다. 예술적으로도 완벽할 뿐만 아니라 고행하는 수행자의 표정, 비쩍 마른 몸의 상태를 어떻게 이렇게 사실적으로 표현할 수 있을까! 모습을 보는 것만으로도 석가모니부처님의 극단의 고행을 마주하는 것 같았다.

비쩍 마른 모습, 앙상한 갈비뼈에 부릅뜬 눈은 어떤 어려움과 장애가 있더라도 이 자리에서 정각을 이루기 전에는 결코 일어나지 않으리라, 하는 결의로 형형하게 빛나고 있었다.

　세상에는 아름답고 보기만 해도 저절로 우러러보며 합장 공경하게 되는 수많은 불상들이 있다. 그중에서도 사람의 손으로 빚었다고는 하기 힘들 정도로 아름답고, 지금 여기 살아서 말씀하고 계신 듯하며, 2,500년 과거의 붓다가 아닌 현존의 부처님이라고, 필자가 자신있게 말할 수 있는 세 분의 불상이 있다.

　첫째, 우리 석굴암의 부처님상이다.
　둘째, 파키스탄 라호르 박물관의 고행하는 부처님상이다.
　셋째, 바라나시 녹야원의 초전법륜 부처님상이다.

　종교를 떠나서 예술적, 과학적 측면은 물론이고 조형미 등 세세한 부분에서도 흠을 잡을 수 없는 불상이라고 생각한다.
　예를 들면 석굴암 부처님을 놓고 볼 때, 만약 석굴암 부처님이 그 자리에서 일어나신다면 천정과 딱 머리 하나의 공간이 남는다고 한다. 더러 큼직하게 조성된 불상을 보면 법당에 꽉 들어찬 모습에서 우선 답답함을 느끼게 되지 않던가.
　바위굴이든 법당 안이든 어떤 과학적 배려도 없이 크기만 키운다고 종교적인 존엄이나 공경이 우러나지는 않을 것이다. 옛날의 소박하고 자그마한 불상 대신 거대한 크기의 삼존불이

네 뭐네 하며 법당 안을 가득 채운 모습을 보면 아쉽고 실망스럽기 그지없다.

근래에는 삼천불전이니 만불전이니 하는 동참 광고를 보면서 종교의 세속화가 걱정되기도 한다. 더욱 염려스러운 것은 그 불상들은 하나하나 조성된 것이 아닌, 인스턴트식품처럼 공장에서 팍팍 찍어 나오는 상품성 불상이라는 점이다. 허탈하고 슬픈 마음이 일어나는 것은 나뿐만이 아닐 것이다.

내가 존자님 방을 나올 때 당신께서 친히 만다라 공양대에서 예쁜 호박 염주 알 하나를 주셨다. 이 염주 알은 제자로서 스승의 가피물加被物인 성물聖物로, 또 스승을 정지정념으로 잊지 않는다는 부적으로 늘 몸에 지니고 있다.

라마 고오빈다 스님

문명의 발달이 속도를 가늠하기도 어렵게 빠르게 변하는 이 시대에도 오백 년, 천 년 전의 수행방식으로 히말라야 적정처 토굴에서 평생을 난행고행의 수행으로만 지내온 스님이 있다.

필자는 더러 폐관閉關 수행 천 일을 수련하는 곳도 찾아봤고, 흑방수행黑房修行의 극한 수행터도 가보았지만, 어디에도 견줄 수 없는 고귀한 세월을 한 곳에서 무려 26년을 하신 분의 얘기를 지금 해보려고 한다. 먹는 것이라고는 흐르는 물과 야생 들꽃뿐인, 사람의 상상을 초월하는 그야말로 히말라야 전설의 초인인 양 살아가는 스님의 이야기이다.

내가 처음 이 스님을 알게 된 것은 지금으로부터 15년 전이었다. 그간 소문으로만 들어왔던 고오빈다라는 이 스님이 산 아래 마을에 내려왔다는 소식을 듣고서 당장 사흘거리의 길을 쉬지 않고 달려가 그 스님을 만났다. 그때 스님의 첫 느낌은,

라마 고오빈다. 이 사진은 키노르 지역의 관공서, 학교, 사무실, 개인 집에서 모신다.

하늘 아래 가장 힘센 장수인 듯 눈빛이 강렬하고 어마어마한 에너지가 충만한 스님으로 보였다.

이 스님이 산에서 마을로 내려오면 종교를 초월해서 모든 주민이 꽃과 향 같은 정성스런 공양물을 챙겨오느라 그 지역은 완전 마비가 된다. 사람들은 맨땅에 이마를 드리우고 축복을 바라면서 그분이 계신 곳까지 기어간다.

언젠가부터 그 스님은 그냥 '랑쌍계(우리 부처님)'으로 불렸다. 밤에는 수많은 기름 등불로 스님의 주위를 밝히고 찬탄하는 노래는 밤새도록 그치질 않는다.

이후 당신 토굴 적정처로 돌아갔다가 팔십 넘은 노모의, 죽기 전 한 번만 보고 싶다는 모정을 외면하지 못하여 마을로 내려와 단 하룻밤을 묵고는 다시 올라갔다고 한다. 노모에게는

비전의 가르침인 지존至尊 밀라레빠 십만 송의 몇 구절을 설해
줌과 함께 진언 하나를 전해주고는 다시 올라갔다고 한다.

그러다가 재작년에 홀연히 다시 내려왔다. 역시나 소문을
타고 온 마을 주민들이 맞이하여 등불을 밝히고 환영과 존경
의 하얀 카타가 순식간에 산더미처럼 쌓였다.

마을은 성자를 맞이하려는 인파로 순식간에 북새통이 되었
는데, 이번에는 단 하루도 안 묵고는 넝마 옷에 맨발로 지팡이
하나를 의지한 채 당신 가고자 하는 대로 걸어갈 뿐이었다. 어
떤 말씀이나 가르침도 없이 그저 걷고 걸어 어디론가 가시는
것이었다. 걷다가 날이 저물면 그냥 그 자리 나무 밑이나 잘
만한 곳에서 잠을 청할 뿐, 침묵 속에 걷기만 하니 며칠이 지
나자 따르는 사람이 하나둘 줄어들게 되었다.

한자리 폐관수행 26년을 마치고
민중 속으로 내려온 스님

나중에는 스님을 보호하는 단 몇 사람만이 뒤따르게 되었단다. 드디어 도착한 곳은 데흐라둔의 샤가파 종정 최고 어른이 계신 절이었다. 고매하신 구순의 고승이요 민중의 스승이자 희망이신 샤가 티첸 어른 스님을 뵙고는 이튿날로 온 길을 되돌아 걷고 또 걸어 당신의 적정처로 가신 게 끝이었다고 한다.

그러다가 2018년 겨울에 스님은 그 토굴에서 내려와 추위가 없는 곳에서 남이 지어주는 부드럽고 정갈한 공양으로 한철을 나셨다.

나는 올 봄에 스님의 하산이 너무도 반갑고 고마워 찬탄하며 다시 스님을 찾아 나섰다. 15년 전 옛 모습을 그리며 갔다가 실존을 다시 뵈었을 때는 새삼 다시 놀라고 말았다.

원만과 자애의 숭고한 빛에 휩싸인 스님의 모습 앞에서 나는 어떤 말길도 끊겨버렸다. 더 놀라운 것은 15년 전에 찾아갔을 때, 마침 다람살라에 와 있던 한 선생과 그의 어린 딸아이와 함께 뵈었는데 뜻밖에도 그 선생과 아이의 안부까지 묻는 게 아닌가. 그때 나와 함께 찾아간 사람까지 다 기억해 내다니! 나는 그렇게 스님을 다시 만났지만 어떤 질문도 할 수 없었다. 황홀이라는 표현이면 되는지.

함께 갔던 신도 한 분이 조심스레 여쭈었다.

"그럼 이제 스님은 번뇌를 다 여의었나요?"

당장에 답변이 돌아왔다.

라닥 쟌스카 바위벽 동굴 암자(사진 전제우)

"당신은 나를 봅니까?"

그리고는 웃음을 띤다. 선문답이 된 것이다.

내가 장차 이 스님에게 큰 기대를 하는 것은, 이분은 심라 대학교를 졸업하여 박사과정까지 마친 스님으로서 영어에 자유자재하다는 점이다. 이는 곧 유럽 불자들에게 통역 없이도 직접 당신의 감정과 뜻이 담긴 가르침을 펴 나갈 수 있다는 것을 의미한다. 이는 참으로 큰 자산이며 희망인 셈이다. 흔히들 큰 스님이라 불리는 분이 외국에 나가면 통역을 거치면서 본래 뜻을 잃어버리기 십상이기 때문이다.

당신은 이제 적정처에 연연하지 않는단다. 일 년에 3주 정도만 적정처에 머물고 그 외의 시간은 승가와 민중과 함께하며 가르침을 펼 것이라고 한다. 적어도 티베트 불교의 수행 전통에서 닝마파의 비전祕傳이나 까규파의 비전 두 가지를 다 가르칠 수 있다고 한다.

이 스님은 그 마을에서는 드물게 종합대학까지 마치고 출가를 했다는데, 부친과의 갈등이 출가의 길로 이끌었다고 한다. 스님의 부친은 인도의 고위 정부 관료였는데 부정부패로 재산을 증식했다고 한다. 이것을 용납 못한 아들과 아버지 사이에 큰 갈등이 생겼고, 아들은 집을 떠났다. 그날 이후로 소식을 모르다가 집 떠난 지 몇 년이 지나서야 남부 인도의 한 사원에서 수행하고 있음이 알려졌다고 한다.

아들은 교학 체계를 어느 정도 마친 후 고향이 가까운 히말라야 만년 설산 지역인 끼노르의 한 산간에 자리 잡았다. 처음에는 스승 닝마파 노스님과 함께 수행하다가 스승의 죽음 이후에도 그 자리를 떠나지 않고 26년을 한곳에서만 수행에 전념해온 것이었다. 그러다보니 지금은 어느덧 나이가 60이 되어간다.

몇 년 전 필자는 평소 잘 아는 뻬마 스님의 안내를 받아 나코 마을에서 서너 시간 올라가는 그 스님의 참캉(적정처, 수행자가 머무는 고요한 장소)을 멀리서 보고는 나의 초라한 수행살림이 한없이 부끄러워졌다. 필자는 감히 그 토굴 근처에도 다가갈 수 없었다!

나는 희망을 확인할 수 있었다. 세상이 이리 탁하고 종교가 나날이 세속화되어 간다 해도 참으로 눈 밝은 절대 스승이 계시는 한, 불법의 한 등불은 또 다른 등불로 이어져 세상에 밝은 빛이 계속되리라는 것을.

우리는 끝까지 자등명自燈明 법등명法燈明이란 테제에서 물러나지 않는 정법의 수행자로서 이 어둠과 맞서 나가야 한다. 상구보리上求菩提 하화중생下化衆生의 책임자로서 말이다.

쌈텐링 곰빠의 소

일찍이 히말라야 너머 라닥 민중들의 삶에 보이지 않는 고난을 알아차리게 된 것은 인도에서의 내 수행 길에 늘 숙제로 남아 있었다. 이후 소문내거나 드러냄 없이, 그들이 최소한 사람답게 살 수 있는 방안이 무엇인가를 고민해 왔다.

승가나 민초들의 먹을거리가 너무 부실하다 보니, 과거 우리나라 아동들의 머리에 하얀 버짐이 피던 것처럼 그와 똑같은 현상이 나타나는 것에 마음이 아팠다. 그리하여 절마다 소를 사주는 일을 생각해 보게 되었다.

소가 있으면 매일 두 차례 젖을 짤 수 있으므로 일차 건강식인 우유를 섭취할 수 있게 된다. 이곳의 젖소는 묘하게도 서양의 얼룩이 홀스타인이 아닌 큰 누렁소인데 種子이 좋은 큰 암소가 젖소 역할을 하는 것이다.

저 멀리 캐시미르 마을의 큰 우시장에서 좋은 소를 사올 수 있었다. 어린 사미승과 노스님들의 숫자를 기준으로 큰 절에는 두 마리씩 사드렸고, 보통은 한 사원에 소 한 마리로 결정 하였다. 가끔은 죽는 소가 생기기도 하여 다시 소를 사주기도 했지만, 기특한 일은 해마다 소가 새끼를 낳는다는 것이었다. 어떤 곰빠에 가면, 저놈의 소가 새끼를 낳아도 수소를 낳았다 며 젖만 떼면 마을에 일소로 주어버릴 거라며 아쉬워한다.

북인도 라닥에서도 최북단에 위치한 지역이 누브라로 험준 한 고산이 사방에 있다. 이곳은 지대가 너무 높아 나무 한 그 루, 풀 한 포기도 자라지 못하는 민둥산이다. 파키스탄과 중국 티베트가 국경으로 맞닿은 군사지역이다 보니 제법 삼엄하며 민감한 통제선이 곳곳에 있다. 지금은 주민들보다 군부대와 군인들이 더 많이 배치되어 있는 실정이다.

그 지역에 환상적인 곰빠가 세 군데나 있다. 데끼 곰빠, 쌈텐 링 곰빠, 짜락싸 곰빠이다. 이 세 개의 곰빠 중 쌈텐링 곰빠와 데끼 곰빠는 제법 큰 규모로 많은 스님들이 있다.

곰빠의 위치며 모양이 기가 막힌 풍광을 이룬다. 참으로 아 름답다. 아슬아슬한 바위벽 경사에 어찌 그런 집들을 지을 수 가 있는지! 이곳을 들어가는 데는 외국인은 물론이고 인도인 도 예외 없이 출입 허가서를 받고 그에 따른 서류를 지참해야 한다. 검문도 한두 번이 아닌 대여섯 차례를 할 정도로 민감한 지역이다. 영문으로는 Inner Line Permit이라고 한다. 사실상 적대국 관계의 땅이다 보니 어쩔 수 없는 그런 복잡한 통제를

버스 사고에서 생존자인 할부지 집마당의 마니 코르로(사진 지승도)

당할 수밖에. 또 늘 군사차량의 왕래와 희한한 무기 차량들이 오간다.

기네스북에 실린 세계 최고 높은 차량 도로로써 칸둥라 고개(5,608m)를 넘어야 하는, 오갈 때의 어쩔 수 없는 발 저림이 아슬아슬하다. 고개 정상엔 한여름에도 눈이 내려 쌓일 때가 있어 제설작업이 끝날 때까지 며칠씩 차량 통행이 통제되기도 한다.

나는 무슨 인연인지, 그 높은 고개를 많이도 넘나들었다. 절이 있고 마을 주민들이 있지만, 유독 그분들의 순수함에 더욱 애정을 가지고 온갖 것들을 준비해 매년 방문해 왔다. 내년에는 7월에 방문하겠다고 미리 선포해뒀다. 나에게 누브라 계곡과 칸둥라 고개는 유독 잊을 수 없는 그런 곳이다.

또 하나, 쌈텐링 곰빠 아랫마을 한 가정집에 큰 마니통이 문밖에 만들어져 있다. 티베트불교 전통의 마니 코르로라 불리는 원형 기도통이다. 우리나라에서는 윤장대라 하여 몇몇 사찰에서 볼 수 있다. 시계방향으로 돌리며 염불이나 진언을 외는데, 한 바퀴 돌릴 때마다 위쪽에 매달아 놓은 방울소리의 여운이 좋다. 어느 곰빠나 마을 입구에도 탑과 함께 이 윤전대가 꼭 있다. 들고나며 마음을 정갈하게 다스리는 방편으로서 보기에도 참 좋다. 그 옛날 우리 산골이나 시골 마을 어귀에 있어온 장승이나 서낭당을 떠올리게 한다.

이 높은 군사도로가 나기 전에는, 누브라 주민들은 레를 오가려면 꼬박 사나흘을 걸어서 이 험한 고개를 넘었다고 한다. 지금은 길이 난 덕택에 하루 한 대 다니는 버스로 하루 만에 레를 들어간다. 그런데 길이 하도 험해서 사고가 났다 하면 그냥 천 길 낭떠러지 아래로 데굴데굴 한없이 굴러버린다. 가끔 오가며 사고가 난 저 밑쪽의 쭈그러진 차량, 박살난 뼈대만 있는 군인 차량을 보기도 한다.

몇 년 전에는 일반 주민 버스가 사고를 당했다. 낭떠러지로 구른 것이다. 전원 사망의 끔찍한 사고였다. 헌데 기적일까, 한 노인만이 한 군데 다친 곳 없이, 신통하게도 정말 털끝만큼도 다친 곳 없이 살아남은 것이다. 노인을 만나서 그때 당시의 상황을 여쭈니, 말씀이 너무 간단하다.

"갸와 린포체 꾸딘인다!", 즉 "달라이 라마 덕택이에요."라고 한다. 왜냐고 물으니, 차가 휘청하고 계곡으로 떨어지는 순간 "아카! 갸와 린포체라! 응아니 단따 바르두 도제댄 내꼬르 친마쏭! 인찍민찍 도야인!" 즉 "아이고! 달라이 라마 스님! 나가 아직까지 성도지 부다가야에 순례를 못 갔는데, 꼭 가야만 하는데요!" 외치며 정신을 잃었단다. 이후 존자님께 감사하고 부처님께 감사하는 마음으로 집 앞에 커다란 마니 코르로를 만들어 하루 네 차례 원통을 돌리며 지극한 기도를 올린다고 한다.

데끼 곰빠(사진 전제우)

다시 소 이야기로 되돌리면, 데끼 곰빠에서 깊고 넓은 잿빛 모레 강을 지나 저 멀리 짙은 미루나무 숲속에 쌈텐링 곰빠가 있다. 사미승이 유달리 많은 절이다.

이 절은 이제 개판이 아닌 소판이 되었다. 어찌된 건지 젖소 한 마리가 새끼를 낳으면 꼭 암송아지를 낳고, 그놈이 커서 또 암송아지를 낳다 보니 지금은 젖소가 아홉 마리나 된다. 소 한 마리에서 아침저녁으로 두 번씩 5리터의 우유를 짤 수 있으니 매일 꽤 많은 양의 우유가 생산되게 된 것이다.

지금은 절 안에서 이 우유를 다 소비할 수 없어 남는 우유는 마을 여관이나 찻집에 판다고 한다. 이젠 아홉 마리의 소를 키우기 위해 소를 돌보는 사람까지 두고 있으니, 그 곰빠에 가서 하루 묵을 때는 절로 흥이 난다.

소가 나이가 차서 늙어 죽게 되면 바위 아래 놓아 두어 마지막으로 독수리나 까마귀가 와서 먹게 한다. 이는 소고기를 안 먹는 그곳의 생활 습관 때문이기도 하지만, 소가 자신의 공덕으로 더 나은 내생을 보장받지 않을까 생각하면 젖소 보시의 보람을 새삼 다시 느끼게 된다.

노승들의 미소

어쩌다 한국에 들어오면 어디서든 오가는 사람들의 얼굴을 살피게 된다. 내 시력에 문제가 있는 건지, 많은 사람들의 얼굴이 어둡고 찌든 모습이다. 맑고 밝은 모습보다는 뭔가 불만스럽고 언짢은 분위기가 배어 있다. 풍요와 편리 속에 우람한 체구와 잘 차려입은 옷차림이지만 신나고 환희에 찬 인상이 없다.

나는 운전도 못하고 차도 없으니 이동할 땐 으레 버스나 지하철을 이용하기 마련이다. 그럴 때면 가끔 누군가 다가와 말을 걸기도 한다.

"스님, 어디에 계셔요?"

"예, 멀리 살아요."

"아, 해인사에서 오셨나요?"

"아니요, 좀 멀리요."

"그러면 제주도에서 오셨나 보네요."

"아니요, 좀 더 멀리요."

"아니, 그럼 거기가 어딘데요?"

"예, 저는 인도 히말라야 산기슭에서 근 30년을 살고 있어요."

"아, 그러면 그렇지. 실은 스님 이 차를 탈 때부터 지금까지 죽 지켜보고 있었는데요, 스님은 요즘 사람이 아니시네요."

그러면서 뭔가 다르다는 말을 해주곤 한다. 핸드폰을 보길 하나 두리번거리기를 하나, 그냥 자리에 앉아 내 안을 지키며 눈 감고 있을 뿐인, 시대에 좀 덜 떨어진 모습이겠지.

이런 만남이 종종 생기곤 한다. 어떤 때는 택시 기사 양반도 똑같은 말을 건넨다. 나야 택시를 탈 때도 뒤쪽에 앉아 행선지를 말한 뒤 나를 놓치지 않는 자세일 뿐인데 가끔 기사 양반이 운전하면서 위와 같은 말을 걸어올 때가 있다. 그러면 인도에 오래 살다가 일이 있어서 왔다는 얘기 정도만 하고 만다.

기사님 왈, 자기는 늘 택시를 운전하니까 많은 사람들을 태우게 되는데, 한결같이 손님들은 서둘러 타고 목적지까지 내내 전화기만 들여다본다는 것이다. 그런데 나는 아무것도 안 하고 그저 조용히 있는데, 당신은 이미 탈 때부터 지금까지 앞 거울로 나를 훔쳐보고 있었단다. 한 마디로 어떻게 그리 태연히 꼼짝 않고 있느냐는 것이다.

자신은 불자는 아니지만 하루 일과 끝에 오늘은 너무 기분 좋은 일이라며, 이런 기분 좋은 손님을 태워 요금을 받지 않겠다는 것이었다. 물론 안 받으려는 요금을 억지로 드렸지만 절 앞에서 떠나는 택시를 보며 여러 상념에 젖기도 하였던 적이 있다.

사진은 인도에서 나와 가까이 지내며 겨울은 꼭 다람살라로 와서 함께 한철을 나고 라닥으로 들어가시는 스님들이다. 모두 여든이 넘은 산골 스님들이다. 겨울 즈음이면 혹독한 히말라야 고산지대 추위를 피해 연례적으로 나오신다. 승가에 평생 살며 가진 거라곤 아무 것도 없지만 늘 편안한 모습으로 웃는 모습으로 살아가는 삶이다.

라닥 80줄 노스님들

필자의 방에 모여 우
리나라 라면을 드시
는 모습

　나는 이런 말을 하고 싶다.

　"가슴으로 피우는 꽃은 모양이 없지만 그 향기는 시공간을
넘어선다. 하여 뭇 생명에 힘을 보태며 또 그 아름다움은 영구
히 시들지 않는다."

　이 스님들은 크게 배운 것도, 많이 가진 것도 없지만 언젠가
부터 당신들의 내면에 보이지 않는 꽃을 키우며 살아오셨다.
우리로 하여금 성직자에게 가장 중요한 영성이 무엇인가를 알
아차리게 해주는 모습이랄까.

　이 시대에는 내면에 꽃을 피우는 이가 드물다. 그러다보니
대부분이 웃음기 없는 얼굴로 살아간다. 문명이 발달하고 거
대한 종교 시설들은 즐비하지만, 향기를 머금은 꽃에 벌 나비
가 모이듯, 민중이 지쳤을 때 찾아가 기대는 곳은 돼 주지 못
하고 있는 것 같다.

판에 박은 장광설에 긴 기도 예식으로 삭막한 비즈니스만
있을 뿐, 살아가느라 지친 이들에게 희망과 따뜻함을 나누는
위로는 찾기 힘들다. 주말이면 어느 신전이나 사원이든 쏟아
져 나오는 장광설에는 감동도 향기도 기쁨의 미소도 없다.

노승의 미소에서 많은 것을 느끼고 배운다네.
가슴에서 핀 꽃은 착한 삶에서 자란다네.
그리하여 맑은 영혼 지닐 수 있다네.
조용한 행복이 저절로 따른다네.

쭝까와 사미승

라닥에는 민가와 동떨어진 깊은 산속 곰빠에서 살아가는 새가 있다. 이름은 쭝까, 크기가 비둘기보다 좀 작고 깃털은 까마귀처럼 새까만데, 부리만큼은 예쁜 노란색이거나 빨간색으로, 아주 귀엽다. 주로 먹고 남은 음식 찌꺼기를 먹어치우니 절 도량을 깨끗하게 청소해주는 착한 새임에 틀림없다. 라닥에서도 오지인 누브라 지역과 쟌스카 지역에서만 살아간다. 그런데 언젠가부터 절간에 자기들만의 살림을 차리고서 스님들과 함께 살아간다.

링세 곰빠는 쟌스카 계곡에서 가장 오지에 있는 외딴 절이다. 이쪽으로 가든 저쪽으로 가든 족히 해발 4~5천 미터의 고개 서너 개를 넘어야만 갈 수 있는 그야말로 산중 적막강산에 자리 잡은 절이다. 그렇게 높다보니 어지간한 사람은 숨이 컥컥 막힐 정도의 고지대이다.

여름철엔 짙은 향기의 해당화와 만년설 녹은 물인 천연 빙

쭝까 새(사진 전제우)

하수의 맛이 일품이다. 사오십리 반경엔 여섯 마을이 있고, 태곳적의 순수 자연 풍광을 고스란히 갖춘 절대 곰빠인 것이다. 곰빠란 적정처, 즉 수행자가 머무는 고요한 장소라는 뜻이다. 명상하는 곳이다.

2006년인가 어느 해 필자는 큰 맘 먹고 석 달 여름 안거를 작정하고 말 몇 마리에 바리바리 온갖 먹을거리를 챙겨 찾아간 적이 있었다. 그러나 두 달 만에 위장병이 도져 석 달 안거를 못 채우고 나온 부끄러운 역사가 있는 곳이기도 하다. 그곳 스님들이 특별히 손 수제비며 말린 치즈와 버터, 우유까지 세심한 배려를 해주었는데도 이 몸이 견디질 못하고 도중하차를

링세 곰빠

하고 말았던 것이다.

사실 개인적으로도 이 외진 절에 남다른 애정이 있다. 여러 이유가 있는데, 이 절엔 노스님들이 유독 많이 계시고 사미승들이 많은데 너무 오지라서 매년 갈 수가 없었다. 그래서 태양열 시스템을 두 대 해드렸고, 젖소도 두 마리 사 드렸다.

어쩌다가 찾아가면 곰빠의 스님들과 마을 주민들이 기쁨과 환호로 정겨운 환대를 해준다. 언제나 손님맞이 인사로 라닥 전통 뜨거운 버터차를 내 놓는데, 한 번은 곰빠의 최 연장자 스님부터 최연소 꼬맹이 스님까지 함께 앉아 버터차를 마시는 일이 있었다.

아래 판(승가에서 맨 아래 자리) 여덟 살배기 사미승이 큰 주전자로 낑낑대며 연장자부터 조심스레 차를 따라주는데, 맨발에 발등 때가 하도 꼬질꼬질해서 차를 받으며 내가 말했다.

"야, 땐진! 니 발과 저 밖의 쭝까 중 어느 게 더 새까만가?"

그랬더니 사미승이 당장 대답했다.

"쭝까요!"

모인 스님들이 큰소리로 오랫동안 박장대소했다. 자기 딴엔 그래도 지 발등보다는 쭝까가 더 검을 거라 확신한 모양이었다. 그 오지 절간에서 양말을 신는다는 건 호사이고 그냥 맨발에 샌들만 신고 잘도 다닌다.

이후로 그 어린 사미승 별명이 '쭝까 스님'이 되어 버렸다.

땐진 친구 사미승(사진 지승도)

이젠 훌쩍 자라서 남인도 데퐁 사원으로 더 큰 공부를 한다며 내려가 있는 땐진 스님이다.

스님은 한더위에 방학을 하게 되면 절에 올라왔다가 두어 달을 지내고는 내려간다. 뜻이 제법 크다. 공부 많이 해서 꼭 게쉬 학위를 따겠다는 포부를 갖고 있다. 게쉬는 티베트 겔룩 파에서 승가 교육을 다 받고 최고 학문 점검 시험까지 마친 뒤 에 받는 학위이다. 이 학위를 마치고 실제 수행의 수련 과정을 마친 뒤에서야 비로소 전체적인 게쉬학자 스님으로 통한다. 근래에는 달라이 라마의 제안으로 여성 출가자, 즉 비구니 스 님도 이 학위를 받을 수 있도록 하였으며, 여성 최고 학위 스 님은 '게쉬마'로 불리며 존경과 대우를 받는다. 과정이 길어 근 20년은 걸린다.

땐진 스님은 곰빠를 오르내리다가 다람살라에 들르게 되면 내 방에 꼭 찾아왔다. 그때만큼은 보란 듯이 발을 깨끗이 씻고 오는데 얼마나 대견하고 기특한지, 나는 땐진 스님이 훗날 게 쉬 학위를 갖춘 그 고을의 최고 선생님이 되기를 바라면서 꼭 용돈과 함께 부모님의 선물도 챙겨주곤 했다.

무슬림 회교도 땅에 숨어사는 불자

올 여름 염천에 파키스탄을 다녀왔다. 여러 가지 일도 있었지만 스와트 계곡의 그 옛날 대승불교권을 다녀보고 새로운 지식도 많이 얻을 수 있었다. 특히 티베트 불교의 초조라 할 성자 파드마삼바바(구루 린포체)의 전설상의 탄생지를 실제 지형학적으로 확인한 일에서는 대단한 성취감도 느꼈다.

또한 과거 대승불교의 중심권이라서 수많은 간다라 불상과 탑들이 남아 있어 일일이 참배하는 즐거움도 누릴 수 있었다. 말로만 듣던 성자의 탄생지 외겐국이 실존했음을 확인했고, 『왕오천축국전』의 혜초 스님이 순례 중 이 지역을 실제로 다녀갔음도 확인했다. 여러 곳의 박물관에서 역사적 실제를 확인했을 때의 감동은 뭐라 표현할 수 있을까!

역사적으로 대승불교 발전의 최고 정점을 이룬 장소는 인도 날란다 대학과 지금의 파키스탄 탁실라 대학이다. 이 두 대학은 빼어난 불교 학자와 수승한 수행자들이 많이 배출되었던

라호르 박물관 붓다 고행상(사진 전제우)

역사적인 장소이기도 하다. 그 옛날 서역의 순례자라면 이 두 곳을 반드시 다녀갔던 게 현장 의『대당서역기』에도 쓰여 있다. 또 밀교가 이 지역에서 부흥했으며, 티베트 수행자들과도 밀접한 영향이 있는 곳이기도 하다.

이번 파키스탄 방문의 또 다른 목적은 나만이 알고 있는, 한 숨은 불자를 만나보는 일이었다. 아주 오래전에 내가 길기트 시장 광장에서 우연히 보게 된 한 아저씨, 아무도 몰래 백팔염주를 품안에 넣는 것을 우연히 목격하게 된 사건이 있었다. 아니 이 회교도 일색인 무슬림의 땅에서 염주를 굴리다니? 오랜 세월이 흘렀지만 반백의 노인 노르부 아저씨를 다시 한 번 만나보고 싶었다.

당시 그와 나눈 얘기는 1960년대 파인전쟁으로 거슬러 올라간다. 그가 사는 곳은 길기트에서 하루길인 스카르두, 옛날에는 인도 땅이었고 라닥의 일부였다. 전쟁이 났을 때 다른 곳으로 피난가지 않고 그대로 머물게 된 것은, 인도가 곧 그 땅을 되찾을 거라고 믿었기 때문이었다고 했다. 그러나 인도가 전쟁에서 패하면서 국경이 파키스탄으로 되어 버린 것이었다.

처음 찾아간 스카르두는 산악인들에게는 잘 알려진 곳이다. 거기에는 K2, 낭가파르밧, 가셔브룸, 브로드피크 등 8천m가 넘는 산들이 흩어져 있다. 역사적으로 우리가 익히 들은 캐라코람 길가의 길기트, 훈자, 스카르두 지역은 모두 인도 땅이었다. 실크로드의 중요 기점이었고 대승불교가 찬란한 불교문화를 꽃피웠던 곳이다.

인도는 긴긴 영국 통치에서 벗어나 독립할 때 종교 갈등으로 인해 인도와 파키스탄 두 나라로 분리 독립하였다. 이후 1957년, 1965년 두 차례의 전쟁에서 인도가 두 번 다 패하면서 파키스탄이 점령한 땅을 기준으로 국경선이 정해져 버린 것이다.

필자는 인도에 살면서 라닥을 해마다 방문하는 인연으로 그쪽 지방에 대해서는 누구보다도 잘 알고 있었다. 전투에서 빼앗긴 땅은 본래 라닥 땅이다. 역사적으로 티베트 불교문화를 고스란히 간직한 라닥이지만 이미 국경선이 그어져 자연스레 무슬림 회교도 땅으로 변하여 지금에 이른 것이다.

이번에 가서 확인하려고 한 지역은 인도 쪽에서 간다면 카길에서 아주 가까운 가노크Ganokh란 마을이었다. 아직도 곰빠가 있고 주민들은 대부분 불교도라고 했다.

스카르두에서 거의 세 시간을 달리는 동안 몇 차례나 군인 초소에서 검문을 하였는데, 그들은 여권을 꼼꼼히 검사하여 기록해두곤 하였다. 드디어 가노크 마을 근처 6km 지점인 마지막 검문소 올딩Olding이란 곳에 이르렀는데, 안타깝게도 이곳에서 출입 통제를 당하고 말았다.

철책 바리케이드가 설치된 엄중한 검문소였다. 군인들이 안

북 파키스탄 스카르두 마애불(사진 전제우)

쪽 마을 주민 이외엔 더 이상 누구도 들어갈 수 없다면서 우리를 막았다. 나는 자연 문화 탐방과 생태계 보호 취재란 그럴듯한 이유를 대며 가노크 마을 방문 허락을 요청했다. 그러나 자기들에게는 이곳을 통과시켜 줄 어떤 권리와 힘도 없다며 전지역 작전 본부인 톨티Tolti란 곳에 가서 최고사령관의 허락을 받아온다면 문을 열어주겠다고 하였다.

다시 온 길을 되돌아가니 알려준 마을 근처에 제법 큰 군부대 막사가 있었다. 그곳으로 가서 우리가 온 이유며 목적을 설명하니 검문소 상관인 듯한 군인이 마실 차도 내오고 우리를 안내하였다.

그곳으로 가니 각기 다른 사무실에서 일곱 명이나 되는 지휘관들이 나와서 우리의 설명을 들었다. 그리고는 서로 얘기를 나누더니 상부에 전화를 걸어 보고를 하는 듯싶었다. 그러나 결과는 지금까지의 험한 길이며, 물어물어 찾아온 우리의 노고가 무색하였다.

"No one allowed to enter that place.(그 지역은 누구도 허락될 수 없다.)"

단호하게 들어갈 수가 없다고 하니 달리 방법이 없었다. 40도의 염천에 인도 국경 넘어 라호르 - 이슬라마바드 - 페샤와르 - 스와트계곡 - 치트랄 - 산두르 패쓰(3,734m) - 길기트 - 훈자 - 스카르두의 보름간 고생길이 보람도 없이 절망으로 바뀐 순간이었다.

특히나 길기트에서 밤길 스카르두 비포장 14시간 길은 밤잠 설쳐가며 천 길 낭떠러지 인더스 강에 오금저리며 들어왔는데 이런 낭패가 없었다. 결국 근 십년도 훨씬 넘은 옛날에도 이미 준 노인이었던 노르부씨의 생사도 알지 못하고, 마지막 남겨진 곰빠도 다시 보지 못했다.

부처님 제자로 법을 지키며 희망을 잃지 말고 잘 사시길 바라는 마음을 담아 달라이 라마의 성물聖物인 가피환加被丸 마니릴부(여의단: 如意丹)와 사진 등 선물로 준비한 갖가지를 전해주지도 못하고 다시 인도로 가져와야 했다.

나중에 알고 보니 곰빠에는 스님이 없으며 신자들이 모여 치르는 불교 행사나 기도 의식 등도 아예 금지돼 있다고 했다. 다만 개인 신앙으로서 절하고 염불하는 것으로 당신들 전통 종교를 버리지 않고 지키며 살아가는 것으로 불교의 명맥이 이어지고 있다고 하였다.

몰래 염주를 꺼내어 염불하던, 이제는 할아버지가 되었을 노르부를 끝내 만나지 못하고 생사도 확인하지 못한 일은 지금도 가슴 저미는 슬픔이다. 언뜻 남북한 이산가족들의 애타는 마음을 조금 느껴본다.

인도로 되돌아 나올 때는 다행히 우기철인 힌두쿠시 산자락에 날이 개어 하루에 한 번 있는 비행기로 스카르두 – 이슬라마바드 구간을 쉽게 빠져나올 수가 있었다. 바로 라호르를 거쳐 수속이 복잡하고 까다로운 파키스탄-인도 육로 국경을 건너 무사히 다람살라로 돌아올 수 있었다.

스님의 두 아들

지리산의 화엄사 대 본찰의 종안 스님은 올해로 92세의 노스님이신데, 아침에 스님의 입적 소식을 들었다. 지난 봄에 극적인 만남의 인연을 가진 게 얼마나 다행인지, 입적 소식을 들은 다음날 송광사에 내려가 다비장에서의 마지막 이별에 참석할 수 있게 되었다.

지난 봄에 만났던 일을 「김 두 장」이란 글로 한겨레신문 「휴심정」란에 올리기도 했었는데, 글 끄트머리에 이 노스님의 반야봉 묘향대妙香臺 토굴 얘기를 언젠가는 글로 옮겨 보겠다는 다짐을 달기도 했었다.

삼가 이 글이 노스님 영전에 무례한 글이 아니 되기를 염려하면서 여기에 옮겨 보려고 한다.

여기에 쓰는 글은 1979년 지리산 백장암에서 한겨울 동안 거를 날 때, 당신 자신이 눈물과 슬픔으로 말씀해 주신 내용을 기억나는 대로 옮겨본 것이다.

그 시절엔 암자 살림이 어려워 오후불식을 했고, 또 가행정진하는 규율대로 밤 아홉 시면 누웠다가 새벽 한 시에 일어나는 규정을 엄격하게 지키며 정진하는 겨울 안거였다.

지리산 반야봉 묘향대는, 적어도 한국의 눈 푸른 참선 수행자라면 한번은 이 토굴 암자에서 생사를 벗어보겠다고 생명을 걸고 몸부림쳐 볼 만한 그런 역사적인 수행터이다. 종안 스님은 출가하자마자 이 묘향대에서 7년을 사셨는데, 마지막 겨울 안거에 이런 비극의 불상사가 생긴 것이다.

이 스님은 출가 전 이미 세속에서 가정을 일구시다가 무슨 인연으로 가족과 모든 세상사를 뒤로 하고 출가하셨다. 고향은 충청도 연기 땅, 구도의 뜻은 오래전에 이미 굳어져 계룡산 근처에서 초막을 짓고 수행을 하곤 했다.

이후 지리산 칠불암 근처, 고향과 좀 멀찍이 떨어진 곳에서 정진하다가 한 스님의 권유로 화엄사로 출가해 늦깎이 비구가 되었다. 출가 전 재가자로서 자식이 이미 둘이나 있었다.

세월이 흐르고 출가 당시 어렸던 아이들이 이젠 제법 나이가 들어 큰아이는 고등학생, 동생은 중학생이 되었다. 인지상정이랄까, 들어온 풍월로 우리 아빠는 지리산 무슨 큰 절에 스님으로 계신다는 것도 알 때가 되었다. 그해 겨울 방학, 두 아들이 아버지를 보기 위해 화엄사로 왔다.

절의 스님들은 보자마자 묘향대 스님의 속가 친자식임을 알아차렸지만 엄동설한에 눈 덮인 반야봉으로 안내를 할 수도 없었고 자세히 알려줄 수도 없었다. 지금은 거기까지 가는 일이 불가능하다고 상황을 일러주었는데, 두 아이는 자기 아빠를 못 만나게 하려고 그런 걸로 알고 막무가내 노고단 윗길로 올라가 버렸다.

스님들은 자기들끼리 올라가다 눈이 많아 제풀에 지쳐 내려올 거라 생각하며 크게 말리진 않았다. 그런데 저녁때가 되어도 내려오질 않아 예감이 이상했다고 한다. 이튿날도 내려오지 않았다. 사실 묘향대 가는 길은 호락호락한 길이 아니어서 초행자들은 끝내 암자를 찾아가지 못하는 일도 비일비재했다.

이상한 예감이 든 두 스님이 아직은 눈밭인 묘향대를 찾아가기로 했다. 저녁때가 되어서 도착한 묘향대, 노스님께 두 아이의 이러저러한 얘기를 하니 누구도 오지 않았다는 말씀에 어떤 사고를 직감했다고 한다. 서둘러 눈밭을 찾아 나서기로 했다. 바로 암자 능선 너머에서 흔적이랄까, 눈 더미가 볼록하니 이상해서 눈을 파헤치니 두 아이가 서로 껴안은 상태로 숨져 있었다.

전전날에 늦은 폭설이 한차례 내렸다. 그날따라 노스님은 좌선 중에 초저녁부터 혼침하였고, 때문에 일찍 잠자리에 들었다. 그 혼침 중에 사람소리가 아득히 들리기도 했는데, 생각해 보니 그 시간은 두 아이가 눈 속에서 "아버지, 아버지"를 애

종안 노스님, 92세 입적 석달 전(사진 전제우)

타게 불렀을 시간이었다.

꺼안은 채로 얼어붙어 숨진 두 아들의 시신을 암자로 옮겼지만 두 몸을 뗄 수가 없었다고 한다. 그리하여 그대로 다비를 할 수밖에 없었다.

세상에 이런 일이 부자간에 일어나다니, 세속의 아버지 스님이 손수 친자식 둘을 목전에서 화장해야 되는 비극이라니!

노스님이 그때 말을 멈추고는 눈물을 주룩 흘리며 하신 말씀이 뇌리에서 지워지지 않는다.

"금생에 성불하지 못한다면 나가 지옥에 갈 거여라."

지금도 그 말씀하실 때를 생각하면 울컥해진다. 당신의 일생에서 가슴에 맺힌 두 아들이 어찌 쉽게 지워질 수 있을까? 스님은 그 어려운 삶의 고뇌를 극복하시고 무려 40여 년을 좌선으로 일관하셨다.

여러 선방을 거치고 수행처를 다니셨다는데 봉암사, 석종사, 칠불암, 월명암, 백운산 토굴 등등 이름 있는 수행처에서 일생을 좌선으로 이어가신 것을 영결식장에서 알게 되었다.

마침 다비식이 태안사여서 추석을 지내기 위해 송광사에 내려가 있었던 참이라 참석할 수 있었다. 스님의 운구를 옮길 때 많은 수행 납자들과 함께 마지막 다비장까지 뒤를 따랐다.

한국 땅에서 스님의 다비식은 여러 해 만이었다. 인도 땅에서야 늘 접하는 다비이지만 그날만큼은 가슴에 남모를 비애가 가시질 않았다. 피붙이인 친자식을 아버지가 화장해야 할 때의 애통한 심정을 이 세상 어떤 말과 글로 대신할 수가 있을 것인가.

아~ 이 글을 쓰면서 저절로 제가 토끼눈이 되어 갑니다.

스님, 우리 종안 어른 스님.
백장암에서 처음 안거를 함께한 이래로 어언 사십 년이 흘렀습니다.
내생에서도 남은 수행 이어 가시기를, 이젠 부디 슬픈 마음 거두시기를 기원드리며, 당신 본사 큰 절 화엄사의 보제루 주런 글을 적어봅니다.

어느 이름 없는 시인은 화엄사에서 이런 아름다운 새벽의 시를 남겨 놓았습니다. (작가를 확인할 수 없었지만, 시가 너무 좋아서 무명시인으로 인용하였습니다. 이후에 작가가 확인되면 다음 판에서 밝히도록 하겠습니다.)

새벽을 알리는 종소리에

간밤의 경계가 뒤집힌다.

해오름보다 먼저 시작된 하루.

재촉하듯 걷는 스님 걸음에는

종적이 없다.

가짐이 없어서인가

버림이 없어서인가.

무지 속에 헤매는 자에게

여명은 아직 너무 이르다.

〈화엄사 보제루 주련〉

迦陵頻伽美妙音　가릉빈가의 아름답고 묘한 소리
가 릉 빈 가 미 묘 음

俱枳羅等妙音聲　구지라 등의 묘한 음성
구 지 라 등 묘 음 성

種種梵音皆具足
종 종 범 음 개 구 족
여러 가지 범음을 모두 갖추어

隨其心樂爲說法
수 기 심 락 위 설 법
그 마음의 좋아하는 것에 따라 법을 말하네

八萬四千諸法門
팔 만 사 천 제 법 문
팔만 사천의 모든 법문으로

諸佛以此度衆生
제 불 이 차 도 중 생
모든 부처님이 이렇게 중생을 제도하시네

彼亦如其差別法
피 역 여 기 차 별 법
저(보살) 또한 그와 같은 차별 법으로

隨世 所宜而化度
수 세 소 의 이 화 도
세간의 마땅한 바에 따라 교화 제도하시네

일향 거사님

2002년, 제법 큰 도시에서 법문할 기회가 있었다. 관심 있는 많은 신도들이 시간 내어 모일 수 있도록 시민회관에서 밤 시간으로 법문 일정이 잡혔다. 예정 시간을 훨씬 넘긴 긴 법문으로 이어졌다.

법문 전의 의식에서 한 신도분이 빨간 장미 백송이로 만든 큰 꽃다발을 건네주어 법문이 끝날 때까지 내내 그것을 안고 행사를 마쳤다. 그날 밤은 법회를 주관한 주지 스님의 절에서 묵었다.

이튿날 아침 연세가 지극한 할아버지 한 분이 오셔서 날 찾는다 하여 맞으니 절집 예로 큰 절을 하셨다. 필자는 아직은 앉아 절 받을 나이는 아니라고 생각하여 누가 찾아와도 맞절을 한다. 심지어 어린 아이가 절을 해와도 함께 절을 한다.

헌데 놀라운 일이 일어났다. 노인께서 절을 함과 동시에 불가사의한 향내음이 방안에 가득 찼다. 보통의 꽃향기나 향을

사를 때 나는 그런 향기가 아닌, 천상에서나 있음직한 그런 고귀한 향내음이었다. 그야말로 법향法香이었다.

나는 이러한 법의 향내를 내 작은 수행체험으로 진즉에 알고 있었기 때문에 이 노인이 범상치 않은 분임을 바로 알아차렸다. 다만 내색은 하지 않았다.

나를 만나자고 한 이유는, 어제 저녁 법문을 듣고서 그 나이에 비로소 불법佛法이 뭔지를 알았다고 하시며 부탁이 하나 있어 찾아왔다는 말씀이었다. 부끄럽게도 아직까지 법명이 없어 이번에 스님이 자신에게 맞는 불명佛名 하나를 지어달라는 것이었다.

나는 아직 공부가 없어 부족하지만 노인의 지극한 신심에 지어드리겠다 말씀드렸고, 다만 인도에 들어가 시간이 걸릴지 모르니 기다리시라고 하였다. 그리고 배웅 차 마루 밑까지 내려가 정중히 합장을 드리고 서 있노라니, 여기서 다시 한 번, 일주문까지 가시는 길에 또 다른 향기가 도량에 가득 찼다.

'아, 저 어르신은 뭔가 다른 게 있구나'라고 확신하며 주지 스님에게 노인 얘기를 물었다. 노인은 초등학교 교장으로 정년퇴임을 한 분으로, 교사로 재직하면서도 가난한 어린 학생을 돕는 일에 평생 헌신해오며, 당신은 집도 없이 학교 사택에서만 살아왔다고 하였다.

퇴직 후에는 자라 어른이 된 옛 제자들의 배려로 지금의 아

일향 거사님의 초등학교
제자들(인도 순례 중 유목
민 양치기와 함께)

파트에 살고 있다고 하였다. 낮에는 복지회관에 나가서 노인
들의 말벗이 되어주며 살아가는, 이 시대에 보기 드문 훌륭한
어른이라며 칭찬과 존경의 어른임을 말해주었다. 나는 내심
'그러면 그렇지.' 하고는 수행 비구로서 이런 소중한 체험을 준
노인장에게 환희와 감사의 마음을 품었다.

이후 인도로 들어가 조석 예불 때나 정진 중에 '과연 어떤 불
명으로 보답할까?' 하는 숙제로 고심했다. 그러다가 어느 날
새벽 좌선 중에 번득 불명이 떠올랐다.

'일향—向 거사님!' 이 탁하고 어두운 세상에 맑고 고운 향내
음으로 세상을 맑히며 이웃에게 향기로움을 준다는 뜻으로 이
불명이 떠오른 것이다. 아무리 생각에 생각을 거듭해도 이 이
름 말고 다른 이름이 떠오르지 않았다.

당신의 일생에 공덕이 얼마나 크고 많기에 수행도 부족한
나 같은 비구에게 이런 법향의 체험을 주셨을까. 실로 이 험한

사바세계에서 돈과 명예는 도둑맞는다 해도 자신이 지은 공덕의 복福만큼은 도둑맞지 않는 법이다. 드러나는 공덕이 아닌, 숨은 공덕이야말로 청복淸福이 아닌가 한다. 이런 분의 삶이야말로 진정 행복한 인생일 것이다.

주지 스님에게 팩스로 법명의 설명과 함께 내력을 적어 보냈다. 어르신도 지어준 법명에 감사한다며 일생 지니고 법명답게 살아가겠노라는 회신이 왔다.

이후 한국에 들어갈 때면 일향 거사님을 모시고 조촐한 음식 공양으로 기쁨의 시간을 가지곤 했다. 함께하는 신도들도 본인들의 초등학교 시절 담임선생님이었다며 더욱 좋아하였다.

얼마 전 거사님의 구십 인생길의 부음을 들었다. 그저 향 사르며 나와 법의 인연이 되어주신 우리 거사님께 불보살의 가피를 기도 축원 올린다. 지금도 조석 예불할 때는 잊지 않고 기도 발원하며 부디 내생에도 다시 만나기를, 나무아미타불을 참마음으로 염한다.

여기에서 다음 글을 덧붙이고 싶다.

필자의 티베트 법명은 땐진 최꺕으로, 달라이 라마 존자님께서 지어주셨다. 그 의미는 '법을 구하는 자, 법을 지키는 자'로 해석되기에 영어로는 Dharma Savior 혹은 Dharma Protector로 번역된다. 티베트 내에서는 이런 불명을 가진 사

히말라야 인도 가르왈
철쭉꽃 향기 앞에서

람을 아직 못 만났는데, 아마 존자님께서 내 전생부터의 성향을 아시고 이런 의미 있는 법명을 지어주셨다고 생각된다.

한국 땅에서 신라 때부터 비구로 살아온 것도 존자님께서 증명해 주셨다. 당시 엘리트 승들은 거의 당나라로 유학을 갔는데, 당에서 경전 번역을 많이 해왔음도 알게 되었다. 그러나 신라의 승려라는 이유로 필자 사후 중국의 승려들이 필자의 저술 논서를 고의로 없애 버린 것도 알게 되었다.

중국 개념으로 변방의 나라는 다 오랑캐 국가였으니, 20여 개가 넘는 경전을 풀어써 놓았다는데 남아 있는 것이 겨우 두세 가지라고 하였다. 인간의 무지는 이런 법에까지도 무명을 드러내기도 하는 모양이다.

다행히도 중요한 논서가 남아 있는데, 그 경전의 풀어쓴 소疏가 티베트는 물론 중국, 일본, 한국의 대장경에 고스란히 남아 있음도 알게 되었다. 전생을 안다고 해서 우쭐거릴 것은 하나도 없다. 하찮은 파리나 모기, 깔다구도 전생이 있다.

한국에 첫발 디딘 다람살라의 두 노스님

다람살라에 오래 살면서 좋은 스님들과 인연 맺은 것은 내 삶의 축복이었다. 좋은 스님이란 의미는, 무슨 명예나 높은 직위로 이름 높은 스님이 아닌, 평범한 비구로서 청정하게 수행하며 나이들어 온 분들로 다만 수행 비구를 이를 뿐이다.

친밀하게 지내는 다른 스님들도 많지만, 처음 인도에 들어갔을 때 만난, 열악한 환경에서 혼자서 기거하는 '탄돌링(해탈의 수행처)' 서른여섯 스님과의 만남은 내 인생길에 참으로 소중한 인연이 되었다. 지금은 거의 다 입적하셔서 네 분만 남아 계시는데, 이분들은 노인 양로원에 기거하고 계신다.

연세가 너무 많아 거동도 여의치 않고 혼자 몸으로 살아가기는 거의 불가능하니 양로원에서 스님들끼리 기거하고 있는 것이다. 삶의 마지막을 갈무리하는 요양원인 셈이다. 어쩌다 귀한 손님이라도 와서 함께 모여 공양이라도 하게 되면 그 어느 때보다 행복해 하신다.

사실 승가에서 노스님들은 도량의 꽃이다. 이젠 우리나라 큰 절도 출가자가 줄어들면서 곱게 늙은 학 같은 노스님 보기가 점점 어려워지는 것 같다.

따시 왕걀 스님과 롭상 왕뒤 스님은 올해 90세와 85세이다. 3년 전 어렵게 난민 여권을 발급 받아 우리나라에 오실 수 있었는데, 당시 연세가 87세와 82세였다.

곳곳에서 법문도 하셨지만, 두 노스님을 뵙는 것 자체가 큰 기쁨이요 축복의 시간이었다. 두 노스님은 한국에 머무는 동안 송광사와 해인사, 통도사, 불국사 등 큰 절들을 두루 참배하셨다.

두 노스님이 인생 말년에 외국을 방문한다는 것은 상상도 못할 일이었다. 여권이라지만 난민 여권이라서 사실 신원증명서 정도의 ID 카드였기에 어디를 가든 비자가 필요한데, 그 전에 꼭 초청장이 필요했다.

비자를 받는다 해서 바로 비행기를 탈 수 있는 것도 아니다. 난민 관할 지역 사무실에서 출국 허가서Exit Permit와 방문국에서의 일정을 끝내고 반드시 자국으로 돌아와야 된다는 재입국 비자Return Visa를 받아 공항 심사대에 제출해야만 입출국이 가능했던 것이다. 이런 복잡한 절차를 곁에서 내가 직접 관여해야만 했던 바, 하나에서 열 가지를 일일이 챙겨야 했다.

우여곡절 끝에 마침내 한국 땅에 도착할 수 있었다. 평생을 난민촌 절과 작은 동네에서만 살아오신 스님들인지라 이국땅의 보이는 것마다 신기하고 놀라운 일의 연속이었다. 끼니마다 인연 닿은 신도들이 지극정성으로 공양을 만들어 올리면 늘 "맛있어요."라는 어눌한 한국말로 웃음을 자아냈다.

나와 함께 오래 지내면서 입에 익어버린 김치며 우리 고유의 전이며 탕, 잡채를 참으로 맛나게 드셨다. 두 스님은 오후 불식을 하시니 하루에 단 한 번 드시는 끼니는 별달리 번거로울 일이 없었다.

매스컴에 방송된 이후에는 전국에서 스님들을 만나려고 일부러 찾아오기까지 했다. 절을 올린 뒤에는 모두가 한결같이 눈물바람이었다. 무슨 영문인지, 어떤 신도들은 주체할 수 없는 통곡에 가까운 울음을 쏟아내기도 했다.

스님들은 우리 절 송광사에서 사흘을 묵었다. 첫날 아침 죽을 드시고 나오면서 서로 하시는 말씀이, "탱 찍 칼락라 나가 쪽니 둑!"이었다. "한 끼니 음식에 반찬이 열두 가지나 되네!"라는 뜻이다.

티베트 음식 문화에는 반찬이라고 할 만한 게 많지 않다. 수제비나 국수, 밥에다가 반찬이라 할 두어 가지면 되는 식생활이기 때문이다. 어디서나 음식이 넘쳐나고 고속도로를 통해 어디로든 갈 수 있으니 한국의 풍요를 느끼실 터였다. 그런데 한 번은 의외의 질문을 하셨다.

"이렇게 편리하고 잘 사는 나라인데 왜 한국 사람은 자살을 많이 하는가요?"

나는 할 말을 잃었다. 당신들도 뉴스나 매스컴을 통해서 한국의 자살률이 높다는 것을 알고 계셨나보다.

여러 큰 사찰을 참배한 후 어느 절이 제일 좋았느냐는 질문에는 해인사라고 하셨다. 왜냐고 물으니, 부처님 말씀을 판각으로 보관하여 참으로 법보를 잘 모시고 있으니 그거 하나만으로도 최고 가치가 있다고 하셨다.

티베트 승가의 관점에서는 불법승 삼보 중에 특히 법보를 중요시 한다. 우리 정서로는 불상을 최고로 경건하게 여기지만, 티벳의 승가는 경전 모시는 것을 불상 모시는 것보다 훨씬 지극 정성으로 신중을 기한다.

어느 절에서 대웅전을 참배하러 가다가 젊은 스님들을 만났다. 그 중 두 스님이 그대로 땅바닥에서 절을 올렸다. 나는 얼른 노스님께 저 스님들에게 좋은 말씀 한마디라도 해주시길 부탁하였다.

"우리는 같은 불제자로서, 부처님 제자 비구로 한 형제지요. 항상 큰 공부와 함께 보리심을 기반으로 보살도를 이루십시오."라고 덕담을 해주셨다. 스님들이 두 노스님의 손을 잡고 감사의 예를 올리는데 참 보기가 좋았다. 준비한 조그만 보리수 염주 하나씩 주었으니 평생 기념이 되겠고, 이 덕스런 스님

1

2

3

4

5

1. 송광사 늦가을 도량에서
2. 직지사 대웅전 참배(사진 전제우)
3. 경전을 읽는 두 노스님(사진 전제우)
4. 환자들을 위로하는 스님(사진 전제우)
5. 목사님과 함께. 목사님 한 분은 하루 한 끼니만 드신다.(사진 전제우)

의 향기를 놓치지 않으리라 믿는다.

바쁜 일정 속에서 두 노스님께 해드린 것 중 보람은 틀니를 해드릴 수 있었던 것이다. 난민촌 병원에서 만들어 준, 20년 이상을 쓴 틀니라 늘 불편을 느끼시던 차였다. 아는 치과의사 분이 신심과 기쁨으로 손수 정성껏 해주었다. 한국에서 틀니를 했다는 자랑을 얼마나 하는지, 심지어 식사 중에 틀니를 빼내 보이기도 하신다.

인도에 들어가니 이미 다람살라에 소문이 나 있었다. 두 스님이 한국을 다녀온 것이 별세상을 구경하고 오신 것으로 말이다.

더러 거창한 타이틀이 붙은 라마나 린포체들이 한국을 많이 다녀가는 것으로 안다. 한결같이 자기 종파의 자신들만 아는 의식을 치르고 가는데 과연 그런 것을 정법正法으로 봐야 되는 것일까 걱정이 된다. 심지어 우리 1,700년 불교 역사에 남아 있는 의식과 의례들이 있는데 꼭 다른 나라 스님들이 외국식으로 행사나 의식을 해야 하는지 우려스럽다.

요즘은 불상의 복장腹藏이나 점안點眼도 우리 고유의 전통과 법식이 있는데도 불구하고 다른 나라 스님들이 와서 대신하고 다닌다 하니, 꼭 제사상에 비싼 수입품 과일을 보란 듯이 차려 놓는 듯하다.

예를 들면 우리 고유의 불교 의식 중 영산재는 세계인류문화유산으로 지정될 만큼 종교적인 의미를 살린 최고의 예술이 기도 하다. 각 나라에서 자연스럽게 이뤄진 종교의식은 그 나라에서만 통용되는 것으로도 충분하다고 본다.

한때 '마정수기'라는 있지도 않은 돈벌이용 행사를 만들어 티베트의 어린 애기스님을 데려다가 법을 속이고 신도들을 속이며 행사를 치르는 것이 유행처럼 번지던 적이 있었다. 물론 거기에는 모종의 거래가 이뤄지고 있었기에 가능한 일이었다.

그렇다면 많은 외국 스님들을 초청해 오는 것과 반대로, 우리나라 스님이 법을 위해 외국으로 초청되어 가는 일은 얼마나 되는지 알고 싶다. 부끄러운 현실이다.

아프카니스탄 순례기

*2013년 5월, 뜻하지 않게 파미르를 넘어 아프가니스탄으로 들어
 갔던 여행기이다.

 목숨을 걸고 사막과 고산 고원을 가로질러 부처님의 땅으로
발길을 이끌었던 수많은 구법승과 카라반 등, 그들이 넘었던
천산산맥의 이서以西 지역에 대한 동경을 오랫동안 가지고 있
었다. 마침내 2013년 5월, 오래전부터 가보고 싶었던 중앙아
시아의 실크로드를 답사하고자 길을 나섰다.
 우선 첫발을 내디딘 곳은 당시 우리나라와 비자 면제 협정
이 체결되어 있는 키르기스스탄으로, 수도 비슈케크에서 인접
국인 카자흐스탄, 우즈베키스탄 그리고 타지키스탄의 비자를
받을 계획이었다.
 그런데 5월 2일부터 시작된 노동절 연휴가 무려 열흘, 하루
가 아까운 처지인데 대사관들이 모두 문을 닫고 있었다. 일이

단단히 꼬이기 시작했지만 천만다행으로 타지키스탄은 5월 2일, 딱 하루만 문을 열어 비자를 받을 수 있었다.

타지키스탄은 우리에게 잘 알려지지 않은 곳이지만 중국과 파키스탄을 잇는 카라코람 고속도로가 생기기 전에 구법승과 카라반 등이 넘나들던 하이 파미르High Pamir 길이 있는 곳으로, 요즘은 비포장이긴 해도 고속도로가 뚫려 세계의 사이클리스트들이 몰려드는 곳이다.

열흘 동안 비자를 기다릴 바에야 일단 타지키스탄의 수도인 두샨베까지 가서 거기서 카자흐스탄, 우즈베키스탄의 비자를 받기로 하고 서둘러 길을 나섰다.

키르기스스탄 오쉬Osh에서 진종일 지프를 타고 도착한 황량한 파미르 고원의 첫 동네인 무르갑(Murgab, 해발고도 3,576m)은 먼지만 폴폴 날리는 산중의 인공 취락이었다. 거기서 하룻밤을 묵고 난 뒤 750km를 더 달려, 옥서스 강으로 더 유명한 아무다리아 강의 최상류에 위치한 파미르 하이웨이 종착지인 코록Khorog에 도착했다. 강변 옆에 위치한 조그만 산속 마을이지만 이곳에서는 그래도 제일 큰 '도시'였다.

내가 지나온 곳은 옛날 현장 법사나 마르코 폴로가 지나온 길이기도 했다. 마르코 폴로는 『동방견문록』에 이곳을 지날 때의 풍경에 대해서 적기를, "워낙 높은 곳이라 하늘에 나는 새도 없었다."라고 했다.

키르기스스탄 오쉬 들판의 야생 양귀비

눈 쌓인 천산산맥의 고개를 넘고 스위스 관광 엽서 같은 설산과 얼어붙은 호수를 지날 때는 해마다 다니는 라닥 지방의 풍광이 떠올랐다. 히말라야 산중이나 파미르 고원 한가운데나 고산 고원의 풍경은, 야크 떼나 양떼들이 풀을 뜯고 있는 모습이며 가끔씩 눈에 띄는 산짐승까지도 닮은 점이 참 많았다.

이곳에서 하루만 더 가면 타지키스탄의 수도 두샨베, 그런데 의외로 이 조그만 동네에 아프가니스탄 영사관이 있었다. 호기심이 생겼다. 곧장 두샨베까지 온종일 지프차를 타고 간다고 해도 우즈베키스탄이나 카자크스탄 대사관은 닫혀 있을 게 확실했다.

실크로드의 주 노선이던 천산산맥의 이서以西 쪽은 완전히 포기하고 그냥 아프가니스탄이나 들어갈까? 대영제국의 식민 시절에도 침략자들을 무수히 괴롭혔고 소련이 침공해도 끄떡없이 버텨냈으며, 근래 9.11 이후 벌어진 민중의 참사, 이런 실태를 내 눈으로 확인해 볼까? 그 옛날 쿠빌라이칸의 원나라도 이 나라만큼은 정복하지 못했다는데….

지난해 낭가파르바트 베이스캠프에서 외국인 10여 명을 총살했던 탈레반의 테러가 생각났지만 과거 대승불교의 유적지로, 무엇보다도 바미안 대불이 있던 곳, 구미가 확 당겼다.

현지인에게 길을 물으니 코록에서 세 시간 정도 비포장 찻길로 달리면 국경을 걸어 넘는 이쉬카심Ishkashim이란 아프가니스탄의 관문이 나온단다. 강 하나를 두고 타지키스탄과 아프가니스탄으로 나뉘는데, 이 다리를 건너기만 하면 바로 아프가니스탄이라고 하였다.

나는 곧바로 실행에 들어갔다. 숙소인 파미르 롯지 인근에 위치한 아프가니스탄 영사관으로 아침 일찍 찾아가 비자를 신청했다. 까다로울 거라는 예상과 달리 간단한 비자 접수에 다만 한 가지 서약서를 적어 첨부하라고 했다. 입국하여 생기는 어떤 사건이라도 책임은 본인에게 있고 모든 것을 본인이 감수해야 한다는 서약과 자필 서명이었다.

'그러든 말든 불러주는 대로 적고 일단 한번 들어나 가보자.'

미화 100불을 내니 30분도 안 걸려 비자를 내주었다. 알고 보니 이 지역 주민들과 저쪽 아프간 주민들은 모두 페르시아인의 후예인 타지크족으로 그들의 편리, 즉 일주일 방문 통과 비자이지만 오가는 현지주민과 장사꾼들을 위해 이런 산속 오지에 아프가니스탄 영사관을 만들어 둔 것이었다. 덕분에 나도 아프가니스탄을 여행할 수 있는 뜻하지 않은 행운이 생긴 셈이었다. 그러나 그때까지만 해도 그렇게 사서 고생할 줄은 꿈에도 몰랐다.

이쉬카심까지 가는 데 꽤 시간이 걸렸다. 거리가 멀어서가 아니고 그쪽으로 가는 사람을 기다려야 했기 때문이었다. 승객이 다 차야만 차가 출발하는 식이라 한나절을 기다린 끝에 인원을 대충 채울 수 있었다. 출발한 지 10분도 안 돼서 강줄기를 타고 올라갔는데, 강 건너편이 아프가니스탄 땅이었다. 같은 타지크족의 땅이라지만 강 하나를 두고 한 민족이 나누어진 셈이다. 러시아의 남하를 저지할 목적으로 영국과 청나라가 '남의 땅'을 자기들 입맛에 맞게 나눠버린 것이다.

100여km 비포장 길을 달려, 네 시간 남짓 걸리는 길에서 몇 번이나 검문검색을 당했다. 이쪽 타지키스탄이나 저쪽 아프가니스탄의 산동네는 평화로운 시골 풍경이었다. 이런 곳에 끝없는 전쟁이라니! 전란의 여파로 검문소가 사방에 널려 있었다.

마침내 도착한 이쉬카심, 타지크스탄 국경을 넘는데 출입국 관리소에는 비자에 도장 찍어주는 직원이 없었다. 보초를 서는 군인의 바디 랭귀지로는, 지금은 점심시간이라서 밥을 먹고 올 것이라고 하는 듯했다. 한참을 기다리니 영어에 능숙한

타지키스탄 코록에서 만난
영국인 이슬람 노학자 알리
모하마드 라즈풋(91세)

키가 큰 직원이 나와서 배낭과 손가방을 샅샅이 뒤졌다. 다리 하나를 사이에 두고 서로 다른 국기가 펄럭이고 있었다.

교전交戰의 현장을 피해 우회하다

저 멀리 아랄해까지 2,400km를 흘러가는 중앙아시아의 젖줄이자 역사적으로 박트리아 지방의 그리스인을 통해서 헬레니즘 문화를 꽃피우게 한 옥서스(아무다리아) 강, 그 최상류에 위치한 조그만 쇠다리를 건너 드디어 아프가니스탄 땅에 발을 디뎠다. 국경의 출입국관리소 직원은 오랜만에 지나는 외국인이라선지 이것저것 많이도 물었다. 끝으로 아프가니스탄 비자에 입국 도장을 찍으며 말했다.

"지난 6년 동안 여기 근무하면서 한국인은 처음이다. 당신이 한국인으로서 이 국경을 처음으로 통과하는 것이다."

외국인 등기부를 보니 지금까지 이곳을 지나간 외국인은 총 135명이었다. 주로 서양 사람들이었는데, 혼자서가 아닌 두세 명씩 통과한 것으로 기록되어 있었다. 동양인으로서는 일본 사람 둘이 작년에 지나간 이름과 싸인 표기가 있을 뿐이었다.

약 6km를 더 가야 이쉬카심이라고 해서 차편을 물으니 그냥 걸어가라고 한다. 조금 걷다가 노새 두 마리를 끌고 오는 부자父子를 만나 배낭을 노새 등에 얹을 수 있었다.

30분 쯤 걷다가 차 소리에 돌아보니 무장군인을 실은 지프였다. 손을 드니 차를 세우고는 내 짐을 뒤져보며 어설픈 영어로 "폭발물이 있느냐?"라고 물었다. 무임승차에다가 뽀얀 흙먼지를 꼬리에 붙인 채 흔들흔들, 뇌물을 팔지 않고도 쉽게 이쉬카심에 도착할 수 있었다.

아프가니스탄 북부의 중심으로 국경 무역이 열리는 이쉬카심이었지만 고작 양철 지붕을 한 집 몇 채와 좌판을 벌리기 위한 임시 천막 몇 개만으로 된 시장이 어설프게 서 있었다. 상품은 구호물품인지 재고품인지 죄다 헌 옷가지와 헌 신발, 야채와 과일 등 보잘 것 없는 생필품 가게가 전부였다.

타고 간 무장 군인의 지프가 내려준 곳은 경찰서였다. 짐 검사부터 입국 등록증, 여행 허가서, 특정 지역 통과서 등의 서류 작성을 하는데 총 세 종류에 넉 장씩, 모두 손으로 써야 했다. 사진도 네 장이나 달라고 했다. 그래도 컴퓨터는 있었다. 정전 때문에 쓸모가 없어서 문제였지만.

통역사 역할을 하던 현지의 젊은이가 서툰 영어로 말했다.

"터머로우 어게인(내일 다시 하자)."

그리고는 시장에서 좀 떨어진, 간판도 없는 집까지 데려다주고는 내일 아침 8시에 다시 오겠다고 했다. 이 집이 자고 먹어야 할 여관이었으니 앞으로의 나그네 길이 쉽지는 않겠다는 예감이 들었다.

해발 3,090m의 파미르 고원 한가운데의 한밤의 냉기는 만

힌두쿠시 산맥 아프가니
스탄 이쉬카심의 봄

만치 않았다. 그래도 풍경은 기가 막히게 좋아서, 저 멀리 힌
두쿠시 산맥의 설산자락이 커튼처럼 둘러쳐 있고, 이른 봄의
나무들은 푸르스름한 연두 빛 새잎을 빛내고 있었다.

나중에 찾아보니 이곳이 바로 하이 파미르 또는 바다크샨
지구Badakhshan Area로 아프카니스탄, 타지키스탄, 중국, 파
키스탄에 걸친, 파미르 고원 한가운데 위치하며 풍광 좋기로
유명한 곳이었다. 이튿날 다시 찾아간 경찰서에서 말했다.

"빅 프로블럼!(큰 문제가 생겼다!)"

다음 목적지는 버스로 9시간이 걸리는 북부 아프가니스탄
의 중심지 화이자바드Faizabad였는데, 간밤에 정부군과 탈레
반의 전투가 벌어져 차들이 다닐 수 없다고 했다. 그럼에도 군
부대와 사무실 여러 곳을 들러 끝없이 이어지는 서류 작성과
도장과 사인을 받아야 했고, 몸수색은 또 왜 그렇게 심한지 가
는 곳마다 수색이었다. 막상 서류준비는 모두 마쳤으나 이제

떠날 방법이 문제였다. 교전이 벌어지면 대중교통은 며칠씩 두절된다고 했다.

탈레반이 활동하는 주요 위험지역으로, 남부 칸다하르 Kandahar를 중심으로 한 지역과 산 너머 서북 변경 지역이 바로 이곳임을 나중에야 알았다. 비록 국경선이 그어져 있으나 이곳이나 그곳이나 모두 탈레반들의 주요 활동지역으로, 파키스탄의 서북 변방 지역은 정부군이 통제하지 못하는 곳이었다.

이 교전이 끝날 때까지 기다린다 해도 차량이 정상 왕래하는 게 언제가 될지 알 수 없었다. 여행 중에 무료하게 한자리에서 앉아 기다리는 것보다 재미없는 경우가 어디 있을까. 남은 방법은 전투 지역을 우회하는, 즉 걸어서 빠져나가는 방법인데, 초행길에 어디가 어딘지 알고 빠져나갈 수가 있단 말인가?

통역하는 젊은이에게 우회하는 길을 물으니, 일고여덟 시간 정도지만 고개 하나를 넘으면 된다고 알려주었다. 다시 경찰서에 가서 걸어가겠다고 하니 따로 별지 서류 하나를 더 적어주었다.

마침내 지프 한 대를 대절하여 출발, 한 시간 정도 인적 없는 길을 달리니 검문소가 나타났다. 그 별지 서류를 보여주었더니 서류만 챙기고 그냥 가라고 했다.

다시 좀 더 들어가니 흙집 일곱 채가 띄엄띄엄 서 있는 전형적인 작은 산악 마을이 나타났다. 중년의 현지인과 내 배낭을 지고 길 안내까지 해주는 조건으로 흥정이 이루어졌다.

이 동네는 구글 지도에도 나오지 않는 곳으로 현지인들은 야시테우라고 불렀다. 고개 너머 동네는 야시취로, 거기까지만 가면 화이자바드로 나갈 차를 구할 수 있다고 했다.

처음 보는 외국인 때문인지 동네 사람들이 다 몰려나와 손님 대접을 하는데 마른 난(평평한 큰 빵)과 소금 차가 전부였다. 지금까지 동행했던 통역사 젊은이마저 떠나니 갑자기 긴장감이 밀려왔다.

잠시 후 안내인이 긴 지팡이를 챙겨 오면서 좀 더 젊은 사람과 함께 들어왔는데 형제지간이라고 했다. 참으로 다행인 것은, 인도에 오래 살면서 주위들은 우르두Urdu어가 이곳에서도 그럭저럭 통했다는 점이다. 이들은 내게 새벽 세 시에 출발해야 된다고 했다. 과연 이 안내인들만 믿고 가도 될까? 탈레반이라도 만난다면 어떻게 될 것인가?

이튿날 새벽 세 시 전에 안내인이 깨웠다. 조그만 어깨 가방 하나를 메고 그 형제의 걸음을 따라나서는데 컴컴한 어둠 속에 하늘의 별빛만 보였다. 가끔은 바위에 앉아 쉬곤 했지만 어둠 속에서 탈레반들이 총이라도 들고 나타났다가는 금생을 하직할 판이었으니 불안과 긴장이 계속됐다.

다행히 네 시 반 정도가 되니 주위를 식별할 수 있을 정도로 환해졌다. 여섯 시 무렵에 길을 왼쪽으로 돌아 개울물을 건너니 큰 바위 밑에 유목민 텐트가 나타났다. 안내인 형제와 안면이 있는지 뜨거운 소금 차와 둥근 빵이 손님 대접으로 나왔다.

이쉬카심에서 사온 비스킷, 마른 과일, 사탕 등을 내놓자 안주인은 사탕을 잘게 잘라 아이들에게 나누어주고 나머지는 한 옆으로 챙겨 놓았다. 손톱깎이 하나를 내놨다. 메이드 인 꼬레아 제품이 이곳 산중 유목민 텐트에서 오랫동안 유용하게 쓰일 것이다.

다시 출발, 10시 경에 고개를 넘는데 햇볕에 눈이 녹아 있어 험한 길은 아니었다. 지도상에 나와 있지도 않아 고개 이름이 무엇이고 높이는 얼마나 되는지도 모를 고개를 넘은 것이다. 평지가 해발 3,000m인 동네라 최소한 4,500~5,000m의 고개를 넘었을 것이다.

내려가는 길은 응달이라 아직 눈이 녹지 않은 상태였다. 걸음마다 눈 속에 빠지는데 보통 힘든 게 아니었다. 앞서 가는 두 형제의 발자국만 따라가는데도 아주 곤욕이었다.

마침내 내려온 푸른 초원, 2시 경에 불을 피워 소금 차와 난 빵, 그리고 배낭에 들어있던 먹을거리까지 죄다 먹어치웠다. 야시쿼 마을까지 가면 저녁을 먹을 수 있을 것이고, 그렇지 않으면 다음 식사는 할 수 없을 것이기에 그렇게 한 것이었다.

5시 경, 파란 보리밭 속에 사람 사는 온기가 느껴지는 야시취 마을에 도착했다. 30분 정도의 식사 시간을 빼고는 줄곧 걸음을 재촉했으니 14시간 동안을 줄기차게 걸은 셈이다. 길 안내를 해준 그 형제가 다음날 다시 그 고개를 넘어갈 일을 생각하니 마음이 짠했다.

배낭을 건네받고는 정한 금액에다 덤은 물론이고 신고 있던 고급 운동화를 벗어주었으며, 이제 내 여행길에 필요 없을 물건인 내복과 양말 등을 다 챙겨 주고 뜨거운 포옹으로 작별을 했다.

지금도 내 비망록에는 두 형제의 이름을 적어둔 게 남아 있다. 먼 훗날 그 나라에 전쟁이 끝나 평화가 온다면 두 형제를 다시 찾아보고 싶다.

화이자바드까지 간다고 마을 사람들에게 이야기했더니 택시 한 대가 나타났다. 흥정이 되자마자 비포장 먼지 길을 총알택시처럼 달리더니 화이자바드까지 3시간도 안 걸려 도착했다.

버스길이 막혀 17시간 동안 줄곧 걸은 날로부터 지금까지 눈 쌓인 힌두쿠시 산맥의 북쪽 끝자락, 파미르 고원의 남쪽 아프가니스탄이라는 곳을 여행한 기간 동안에 가장 긴 하루를 보낸 날이었다.

역사 속에 묻혀 있던 실크로드의 유적들이 눈앞에

아프가니스탄 북쪽은 힌두쿠시 산맥의 계곡에 옥서스(아무다리야) 강의 여러 지류가 흐르는 곳으로 과거 중국의 구법승과 카라반, 심지어 침략자들까지 가장 많이 넘나들던 주요 노선이다.

왜냐하면 파미르 고원이나 티베트는 평지가 4,000m, 고개가 5,000m 정도이지만 이곳은 그보다 1,000m가 더 낮은 평지와 고개로 되어 있고, 박트리아 지방과 사마르칸트 등이 있어 통행에 불편이 없었기 때문이다. 비록 천산산맥 이동以東 쪽에서 보자면, 1,000km 가량을 더 서쪽으로 갔다가 정남쪽으로 돌아 내려와야 되었지만 이렇게 우회하는 게 제일 안전했다. 그래서인지 7세기 경 현장법사도 바로 이 노선을 따라 인도로 왔다가 귀국길에는 바다크샨을 지나 사막의 진주라는 카쉬가르로 곧장 가는 길을 택했다.

그러나 오늘날은 실크로드의 '사막의 길'이 쇠퇴하고 근대에 접어들어 정치적 불안정이 겹치면서 다만 그 유적만 옛 영광을 간직하고 있을 뿐, 시내버스 구경하기도 어려운 오지마을로 전락해 있다.

어찌되었든 옛 영광의 흔적을 찾아 쿤두즈Kunduz까지 250km를 한 번, 그리고 마자레 샤리프Mazar-e-Sharif까지 250km를 다시 택시를 대절하여 갔을 때는 어둑어둑한 저녁이었다. 산중에서는 햇빛이 강렬히 비출 때만 더웠으나, 이곳은 해가 진 이후에도 더운 걸 보니 낮은 땅에 내려온 게 확연하게 느껴졌다. 해발고도가 무려 3,000m가 떨어졌으니 더운 건 당연했다.

옥서스 강 이남을 따라 온종일 달려 이곳 마자레 샤리프까지 온 것은 이슬람교 창시자인 모하메드의 사위, 예언자 하즈랏 알리Hazrat Ali가 여기에 묻혀 있다는 전설 때문이었다. 그의 또 다른 비밀 무덤은 이라크의 수도 바그다드 인근의 나자프Najaf에 있다고 한다.

'고귀한 성소Noble Shrine'라 불리는 마자레 샤리프는 파란 모스크Blue Mosque로 유명한데, 그 빛깔과 양식은 아프가니스탄뿐만 아니라 중앙 아시에서도 제일이라고 하여 그 모습을 보고 싶어서 찾아 나선 길이었다.

성지 중의 성지라는 이곳까지 오는 내내 수많은 돌 자갈과 모래 무더기 사태 현장을 지나왔는데, 보름 전에 일어난 홍수로 2,500여 명의 사망자가 생기는 끔찍한 산사태가 일어나 아직도 흙더미 속에서 시체를 찾아내는 중이었다.

가끔씩 길가에 부서진 채로 방치된 탱크들의 잔해가 눈에 띄었다. 1979년, 구소련이 아프가니스탄을 침공한 이래 현지 주민들이 육탄으로 탱크를 막았다고 하던 그 잔해였다. 막강한 군사력만 믿고 침공을 감행했던 소련은 피해만 잔뜩 입고

70년대 소련의 아프가니
스탄 침공 시 부서진 탱크.
폭약을 안고 자폭으로 육
탄전을 벌였단다.

국제적 조롱거리가 되어 10년 후 아무런 성과도 없이 철수를
했다. 마치 미국이 월남전에 개입했던 것처럼 말이다.

그 자리를 대신한 미국을 비롯한 서구 열강들은 자기들이
원조했던 탈레반 정권을 쫓아내고 꼭두각시 정권을 세워두었
으나 얼마나 오래갈 지는 장담할 수 없는 처지다.

마자레 샤리프의 담청색 돔과 자그만 타일들로 이뤄진 푸른
모스크에는 참배객들이 그치질 않았다. 모스크 주위엔 별의별
불구자들이 간절하게 기도하는 모습이 많았다. 어느 종교에서
나 있을 수 있는 현상일 테지만, 신통하게도 바로 이 모스크에
서 종종 기적이 일어나곤 한단다.

동서남북 네 방향으로 뚫린 네 개의 문 주위에는 하얀 비둘
기만 모여 있었다. 워낙 성지라 검정색 비둘기들도 이 사원에
오면 40일 안에 하얀색으로 변한다고 한다. 변해서 그런 것인
지 원래 그런 것인지 모르겠으나 나중에 보니 인근의 비둘기

성지 마자레 샤리프의 블루 모스크

모스크 주변의 흰 비둘기

모스크 입구에서 잠이 든
잡화상 할부지

들은 모두 하얀색이었다.

다음날에는 30여km 떨어진 발크Balkh로 갔다. 『불설태자서응본기경佛說太子瑞應本起經』에 나오는, 부처님께 꿀과 사탕수수 공양을 올렸던 북쪽의 상인인 제위(禮謂, Trapusa)와 파리(波利, Bhahaika)가 바로 이곳 출신의 카라반이었기 때문이다.

이곳은 또한 헬레니즘의 중심지이자 알렉산더 왕의 동방 원정 때 건설된 알렉산드리아라는 인공 도시로 그리스인들이 이주해 와서 살던 곳인데, 그들의 후예에 의해서 맨 처음으로 인간의 형상을 본떠 불상이 제작되었던 곳이다. 그들과 통혼通婚을 했던 남쪽의 간다라 지방 월씨月氏의 후예 쿠샤나 왕조에 의해서 처음으로 불상이 탄생되었던 것이다.

이런 역사적인 배경 때문에 감회가 남다를 줄 알았으나 정작 '빌라 하싸르'라 불리는 진흙 담만이 무상의 이치를 일깨우며 남아 있을 뿐이었다.

발크를 굳이 찾아가 보고 싶었던 또 다른 이유는, 바로 이곳이 불을 숭배한다는 배화교拜火敎의 창시자 조로아스터의 태생지였기 때문이기도 했다. 부처님보다 100여 년이 앞선 시대에 태어난 그의 가르침은 이후 페르시아, 즉 오늘날 이란에서 크게 번성했다.

그의 가르침의 근거는 선악으로 나뉜 최초의 이원론적 일신교一神敎 사상으로, 그 영향을 가장 크게 받은 종교는 두말할 것 없이 지금의 기독교와 회교다. 한때 중국까지 전래되어 명교明敎라 불리던 배화교는 지금도 인도 땅에 남아 있다. 인도 제일의 타타 그룹 회장도 배화교도이다.

그리고 거기 가서야 알게 된 사실이 있었는데, 바로 내가 좋아하는, 성자이며 시인으로 알려진 루미의 탄생지라는 사실이었다. 여행은 이런 데서 보람이 있는 게 아닐까 한다.

연대는 몽골 징기스칸이 유럽까지 땅뺏기 전쟁에 나서서 여기도 초토화가 되어버린 시점까지 올라간다. 루미의 가족은 미리 저 멀리 페르샤, 지금의 이란 쪽으로 피난을 갔기에 끔찍한 참상을 면할 수 있었다.

필자는 이곳에 오기 전인 2009년에 터키 코냐KONYA를 찾아간 적이 있었다. 루미 시인의 무덤이 그 사원에 있었다. 그때 사원 안 성자의 무덤 앞에서의 심정은 지금 생각해도 가슴이 먹먹해진다.

한 무리의 순례객들이 무덤 앞에서 손바닥을 가슴 위로 하고 회교도식 기도를 하는 것이었다. 모두들 나이가 제법 든 노인들이었다. 기도 중 몇몇 노인들이 펑펑 울면서 한참을 기도하였는데 그때의 인상과 감정은 그때를 떠올릴 때마다 지금도 가슴 저릿한 기억이 되었다.

메블라냐 무슬림 모스크 사원, 여기에 젤라레딘 루미(1207~1273) 성자의 묘가 있다. 루미 성자는 평생을 용서와 관용, 선한 삶을 강조하며 세상을 떠돌았고 수많은 시를 지었다. 자기를 한없이 낮추며 사랑과 깨우침의 평화를 펼치던 인류의 스승으로서 말이다.

"사랑이 길이고 우리 예언자의 가르침입니다. 우리는 사랑
으로부터 태어났습니다. 사랑은 우리의 어머니입니다."

이슬람 예술 역사상 가장 아름다운 곳이기도 한 루미의 묘소는 여전히 그를 느끼려는 순례자들이 전 세계에서 찾아오고 있다. 또한 많은 신봉자들이 대리석 바닥에 무릎을 꿇고 앉아 간절한 기도를 올리는 곳이다.

현재도 루미의 묘는 여전히 그를 느끼려는 순례자들이 전 세계에서 오고 있어 늘 순례자들로 가득 찬, 이슬람 예술 최고의 우아함이 빛나는 곳이다. 신비로운 향내와 명상음악이 있

고, 많은 신봉자들이 대리석 바닥에 무릎을 꿇고 앉아 조용히 울며 열심히 기도를 올리고 있었다. 나 자신의 고통이나 슬픔 때문이 아니라 내가 사랑하는 사람 앞에 있다는 순수한 기쁨으로 나 또한 울고 싶기도 했다.

"오라, 그대가 누구든.
신을 버린 자, 이방인, 불을 경배하는 자, 누구든 오라.
우리들의 집은 절망의 집이 아니다.
그대가 비록 백번도 넘게 참회의 약속을 깨뜨렸다 할지라도, 오라."
_ 묘비에 쓰여 있는 루미의 시

천신만고 끝에 찾아간 시골 발크Balkh란 곳은 바로 루미가 태어난 동네이다. 아주 오래된 동네로 배화교의 창시자인 조로아스터가 태어난 곳이기도 하다. 13세기 징기스칸의 무지막지한 정복 전쟁으로 대대적인 살육이 자행되고 불살라 초토화된 고대 도시 발크는 그때 폐허가 된 성터의 모습만 있었다.

배화교에 대한 관심이 많지 않아 그들의 성소를 다녀온 적이 없다가, 아프가니스탄 순례 이후 이란에서 몇 군데의 배화교 사원을 둘러볼 수 있었다. 이렇듯 여행 중에는 뜻밖의 만남으로 미처 보지 못했던 나와 직면할 수 있는 시간을 맞이하게 되기도 한다.

어디에선가 읽고는 글이 좋아 베껴둔 글을 아래 적어본다.

"여행은 온몸으로 떠나는 독서.

독서는 영혼으로 떠나는 여행.

여행은 내 마음속 몰스킨 노트에서 수줍음 타는 동물들이
뛰놀게 하는 것.

여행은 빈 종이로 떠나 만 권의 책으로 돌아오는 것."

발크를 뒤로 하고 이제 대불大佛로 유명한 바미얀까지 가는
길, 이번에도 가는 길이 만만치는 않았다. 이번 여행은 이래저
래 여행이 아니라 고행이었다. 하긴 아프가니스탄에서 무얼
더 바랄 수 있었을까만, 여기서 목숨을 잃지 않은 것만 해도
어딘가!

파괴된 바미얀 대불과 '문명의 십자로' 카불

대불로 유명한 바미얀(Bamiyan, 해발 2,500m)으로 가는 길에서
도 아니나 다를까 문제가 생겼다. 마자레 샤리프에서 450km
만 남쪽으로 내려가면 되는데 홍수로 도로가 유실되어 '산 넘
고 물 건너'서도 갈 수가 없었다.

결국 고심 끝에 국내선 비행기로 카불로 갔다가 거기서 바

미안으로 가는 우회로를 택하기로 했다. 비행가 연착되어 밤중에 도착한 카불, 공항에서 시내로 나올 때 함께 내린 현지인이 마중 나온 자신의 차로 한 여관까지 데려다 주어 밤중에 카불 시내를 배회하지 않아도 되었다. 고맙기 그지없었다.

카불에서 바미얀까지는 고작 170km, 아침 일찍 차부로 갔더니 이제 막 출발하려는 합승 택시가 있어 곧장 출발할 수 있었다. 보통 2시간 30분이 걸리는 길이라는데 무려 7시간이나 걸려 도착했다.

이름깨나 있는 숙소는 무려 미화로 100불, 관광객도 많지 않은 곳인데 너무하다 싶을 정도로 비쌌다. 큰 식당에 가서 주인장에게 장사 끝나고 방 한 개만 빌려달라고 하니 미화 10불도 안 되는 가격에 빌려 주었다.

짐을 맡겨두고 대불이 있던 감실로 갔다. 잘 알려져 있다시피 2001년에 탈레반들이 폭파해 버린, 그 유명한 바미얀 대불은 형체도 없이 사라지고 휑한 감실만 남아 있었다.

원래는 높이 55m와 38m에 달하는, 두 분의 큰 불상이 모셔져 있었는데 지금은 지상에서 완전히 사라져 버렸다. 이 두 대불 이외의 무수한 석굴과 그 안의 불상들도 탈레반 군인들이 사격 연습용 표적으로 삼았다고 한다.

현장법사는 『대당서역기』에 당시 이곳에 열 개의 큰 사원과 천 명이 넘는 승려들이 수행하고 있다고 적었고, 신라 혜초 스

128

님의 『왕오천축기』에도 여기를 다녀간 사실이 기록되어 있다. 그러나 10세기 무렵 몽고의 침입과 회교가 융성해진 이후 바미얀은 수난의 시대로 접어들었다.

17세기 무굴제국의 아우랑제브는 아예 불상의 얼굴을 떼어내 버렸고, 그로부터 100년 후에는 큰 불상의 한쪽 다리도 부숴 버렸다. 꾸샤나 왕조, 간다라 예술의 정수로 불리던 인류 문화유산은 종교의 편협한 틀 속에서 파괴되었으나 2003년 전체 석굴군이 유네스코 세계문화유산으로 등재되었다. 그러나 그마저도 탈레반에 의해 흔적도 없이 사라져 버렸다.

모든 생겨난 것은 반드시 부서지는 법, 연기법에서 벗어날 수는 없으니 이 대불이라고 해서 예외일 수는 없을 것이다. 그렇지만 막상 눈앞의 텅 빈 감실을 보니 착잡한 마음 가눌 길이 없었다.

고도가 높아서인지 5월인데도 바람이 꽤 차가웠다. 감실들은 안에서 안으로 교묘히 계단이 만들어져 있어 서로 이동할 수 있게 되어 있었다. 한 석굴 안에서 설산이 보이는 곳에 앉아 그 시절을 상상해 보았다.

그때의 비구들은 과연 어떻게 살아갔고, 어떤 수행으로 자기를 다스렸을까? 먹을 것이 넘쳐나는 풍요와 편리의 시대도 아니었으니, 수행보다는 개인의 영리와 안일에 빠져 놀고먹는 무리들은 아니었을 것이다. 많이 가진 자와 결탁하여 포장만

파괴된 바미얀 대불
승려들 방인 바위굴, 통로로
서로 연결되어 있다.

번드레한 자들도 아니었을 것이다. 생각이 깊어지자 나 스스로의 인생길, 수행길이 초라하게 드러났다.

'민중이 곧 나의 종교'임을, 스스로 부끄럽지 않은 수행자로 살기를 다시금 다짐해 보았다.

식당에 돌아와 잘 준비를 하고 있으려니 경찰과 군인이 들어와 국경에서 입국 시 받은 모든 서류를 짜증스러울 정도로 오래오래 검사했다. 혹 서류가 하나라도 부족하면 잡아다 족칠 기세였다. 검사를 끝내고 나더니 내일 경찰서로 나오면 뭘 보여 준다고 하고는 돌아갔다.

기대 반 걱정 반으로 다음날 경찰서로 갔더니 탈레반이 TNT로 형체도 없이 불상을 파괴하는 동영상 비디오를 보여주었다. 엄청난 황갈색 먼지가 일면서 순식간에 불상이 파괴되어 없어지는 영상에서, 종교의 오만과 독선과 집착이 결국 그 근본을 잃고 서로 간에 죽이고도 남을 거란 걸 느꼈다.

TNT로 형체도 없이 불상을 파괴하는 동영상, 필자는 유신 시절 군에서 야전공병의 병과로서 뜻밖의 기술(?)을 배웠으니, 그게 바로 폭파와 지뢰 매설 및 제거였다. 40년도 훨씬 지난 군 시절, 다이너마이트와 TNT로 엄청 군기가 빡쎈 훈련을 넘겨야 했던 경험이 저절로 떠올랐다.

다시 돌아온 카불에서 비로소 찬찬히 도시를 둘러볼 여유가 생겼다. 처음엔 바미얀에 가는 데만 정신이 팔려 도시의 이모

저모가 전혀 눈에 들어오지 않았었다. 실크로드 한가운데 자리하며 어디에도 빠지지 않는 '문명의 십자로'라고 불리던 카불, 그런데 도대체 이게 어디를 봐서 수도라고 할 수 있단 말인가?

달동네 같은 어설픈 산비탈의 수많은 집들이 시내를 빙 둘러 있었다. 제대로 된 포장이라고는 눈을 씻고 찾아봐도 없는, 먼지만 폴폴 나는 울퉁불퉁하고 지저분한 도로들, 주위엔 악취 나는 오물들이 즐비하였다.

거기에 그 길을 가득 채우고 있는 것은 수많은 거지들과 노인들, 어린애들, 불구자들, 그리고 낡고 바랜 하늘색 부르카로 얼굴과 몸 전체를 모두 가린 여자들이었다. 움직이지 않고 바위처럼 하루종일 앉아 있는 이 여인들은 모두 전쟁 통에 과부가 된 여자들이라고 했다. 재혼을 할 수 없는 종교적 굴레 때문에 구걸로 연명해야 된다는 그 여인네들의 운명에 참으로 애잔한 마음이 일었다.

가장 종교적인 나라를 만들겠다는 탈레반 근본주의자들을 비롯해서, 9.11 이후 미국의 무차별 융단 폭격 때 상해를 당해 구걸로나마 연명해야 되는 아프간의 민중들, 도시 중심에 자리한 모스크 회당 주위에 모인 그 거지들의 모습은 지금도 눈에 선하다.

우리나라의 조그만 2층짜리 연립주택 규모쯤 되어 보이는 카불 박물관에 가보았다. 그 맞은편엔 폭격으로 쑥대밭이 된 건물들의 폐허가 그대로 방치되어 있었다.

"중요한 유적은 전시할 수 없다."

박물관 직원의 말이 아니더라도 애초에 전시할 공간이랄 게 없어 보이는 초라한 크기의 외관이며, 그나마 박물관이 있다는 게 신기할 뿐이었다. 동서양이 만나 일찍이 인류가 누려보지 못한 헬레니즘이라는 문명을 이루었던 곳의 영광은 이곳 카불에 흔적으로만 남아 있었다. 지중해인들의 곱슬머리에 콧수염이 그대로 남아 있는, 거의 원형에 가까운 몇 개의 보살좌상만 남아 있었다.

아무리 인연과 연기법이라지만, 쌓고 부수는 게 인류의 역사라지만, 카불의 모습은 유독 애잔하기 그지없었다.

인도에 살면서, 인도는 정신적으로는 풍요로울지 몰라도 물질적으로는 가난한 나라라는 생각을 했었다. 그러나 아프가니

카불 박물관의 보살상

스탄을 다녀온 뒤에는 인도는 부자나라로구나, 하는 생각이 절로 들었다.

그렇다면 한국은 어떤가? 물질적으로는 풍요로울지 모르지만 타락한 성직자와 정치인이 존재하는 한 정신적으로 성숙하기에는 아직 한참이나 멀었다고 생각된다.

카불에서 델리로 나올 땐, 좀 어설프지만 아프간 국영항공 캄 에어Kam Air를 이용했다. 국영항공이란 게 겨우 변방국가 국제선 가까운 네 군데 도시를 취항하고 있었지만, 내 딴엔 조금이라도 도움이 될까 싶은 마음 때문이었다.

카불을 떠나온 바로 다음날 시내에서 테러가 발발해 교전이 있었음을 델리에 들어와서 외신으로 알게 되었다. 만약 그곳에 하루 더 머물렀다면 어땠을까 하며 가슴을 쓸어내렸다.

카불에 있을 때 보내기 어려운 편지와 엽서를 우체국에 가서야 가까스로 보낼 수 있었는데, 우체국 한 번 들어가는데도 몸수색이 까다로웠다. 카메라를 비롯한 모든 물건을 보관한 후에야 우체국 안으로 들어갈 수 있었다. 평소에도 늘 까다로운 검문검색이 시행되고 있는 곳이 카불이었다.

인도에 들어와서 한국과 유럽, 인도의 지인들에게 보낸 엽서를 확인해보니 다행이도 한국과 유럽에는 무사히 배달이 되어 안도할 수 있었지만, 무슨 이유인지 인도로 보낸 엽서는 아무도 받지 못했다고 했다.

9.11 사태 이후, 절친한 지인 한 분이 찾아와 아프가니스탄을 여행하겠다고 했다. 죽고 싶은 게 아니면 이 전쟁 통에 어디를 가느냐며 말렸지만 그분의 고집과 특이한 여행 방법을 아는 터라 더 이상 말릴 수가 없었다. 긴 여행을 할 수 있는 장비를 챙겨주고 꼭 살아 돌아오라며 자그마한 봉투도 하나 드렸다.

한 달이 넘은 뒤 편지가 왔다. 그동안의 여정과, 끝내 아프가니스탄의 여행을 포기하고 중국으로 나간다며 보낸 편지의 마지막 글귀는 오랫동안 여운이 남았다.

스님, 저는 스님을 안 이후로 스님이야말로 이 세상에 천수천안千手千眼을 갖춘 스님이 되어야 할 사람이라고 생각해왔지요. 그런데 아프가니스탄의 참상을 보면 - 다리 없는 사람, 팔 없는 사람, 오만 거지란 거지들, 부르카를 두른 남편 잃은 여인들이며- 적어도 이 나라 땅에서는 가난이란 말조차 어디에 붙일 수도 없는 곳입니다.

거리의 아귀 떼 같은 못 먹고 말라빠진 거지 무리에게 빵을 사다 나눠주는 것도 이제 지쳤습니다. 그래도 국민들 중에 사람 돕자는 단체가 있어 스님이 주신 봉투는 거기에 모두 기부했습니다. 철없는 탈레반들에게 몇 번이나 총 맞아 죽을 뻔했던 일도 있었고요.

스님, 이 세상이 천수천안 가지고도 안 되어요. 스님만큼은
제발 이제 만수만안萬手萬眼으로 남으셔야 됩니다.

참혹한 아프가니스탄 민중의 실상이 아직도 내 눈에 선
하다.

일생 동안 바다를 처음 본 스님

다람살라의 겨울, 인도이기 때문에 늘 더울 것 같아도 그곳도 춥기도 하고 눈도 내린다. 폭설이 내릴 때는 4,5피트까지 내리니 그때는 모든 게 두절된다. 전기부터 물, 길, 시장 등등 일상생활이 마비가 된다. 그래도 그 불편을 참고 잘 살아왔다.

어느 해 겨울엔 누구 온다는 사람도 없고 별다른 큰 일이 없어 평소 가까이 모시던 티베트 라닥 스님들을 모시고 추위도 피할 겸 남쪽으로 여행가는 구상을 했다.

늘 한자리에서만 살아온 사람치고 어디 먼 곳에 구경 가자는데 누가 싫다 하겠는가. 특히 라닥에서 나오신 연세 지극한 스님들이 제일 좋아라 하신다. 어디를 갈까? 평생 바다를 못 보았다니 바다를 목표로 하고, 가는 길목마다 명승지를 구경하며 가기로 했다. 우리는 근 일주일 거리의 구자라트 주에 있는 바다를 가기로 하고 길을 떠났다.

첫날 도착한 곳은 암리차, 그 유명한 머리에 터번을 쓰는 시크교도들의 성지 펀잡 주의 황금사원이었다. 펀잡 주에 다다르니 안개가 짙고 햇볕이 없어 추위가 심했다.

길가의 한 식당에서 석탄불로 요리를 해내는데, 화롯불이 그리 고마울 수가 없었다. 필자가 그곳을 처음 간 때가 1989년 봄이었는데, 당시만 해도 사진처럼 이렇게 아담하게 정비된 곳이 아니었다. 그때는 수많은 총탄 자국으로 벌집이 된 처참한 모습이었다.

1984년 이 사원을 중심으로 펀잡인 시크교도들이 자기들 나라로 독립하기 위해 무장봉기를 하였다. 당연히 인도 정부에서는 절대 용납할 수 없는 행동이었다. 정부군이 에워싸고 평화적인 방법으로 설득하려 했지만 결국은 당시 수상이었던 인디라 간디 수상의 발포 명령으로 600여 명이 사망하고 3,000여 명이 부상을 당하는 처참한 비극이 발생하고 말았다.

바로 그해 10월 인디라 간디는 자기 수하인 시크교도 경호원 세 명에 의해 처참하게 살해를 당하고 말았다. 그 연약한 여인의 몸에 60여 발의 총탄을 맞았다고 한다. 이런 사건의 뿌리도 알고 보면 고부간의 갈등이었다.

필자가 이전에 글을 쓰기도 했는데, 당시 여수상의 큰 아들 산자이 간디가 죽고 나서 시크교도인 며느리가 펀잡에 와서 시어머니에 반대하는 야당 당수가 되었다. 이 과정에서의 갈등이 이런 사건을 초래했다고 본다.

암리차의 시크교 황금사원

지금도 그 며느리였던 여인은 BJP당의 편잡 주 총수다. 수상을 살해한 세 명의 시크교도 경호원은 4년이나 걸린 재판 끝에 1988년 12월 25일 10시에 공개처형을 당했는데, 그것을 동시간대에 TV중계를 하여 목격하게 되었다. 머리에 검은 보자기를 씌우고 교수형을 당했는데 당당히 죽음을 맞는 모습이 인상적이었다.

지금은 사진에서처럼 웅장하고 황금빛 찬란한 사원으로 시크교도의 메카가 되었다. 이 종교는 힌두교의 장점과 무슬림 회교의 장점을 잘 조화시킨 종교로, 뿌리는 권선징악의 윤회다.

이튿날은 라자스탄 주 비까네르 쥐 사원으로 갔다. 이틀이 걸리는 거리를 하루 만에 갔다. 일단 하루 여관에서 쉬고 다음날 시내에서 좀 떨어진 신전으로 향했다. 이 세상에 단 하나뿐이라는, 쥐를 모시는 사원이었다.

온통 쥐 세상이었다. 도대체가 사람을 두려워하지 않고 누구에게나 달려들었다. 힌두교 신전인 쥐 사원은 처음 가보는 신전이었다. 신전 안에서 경건히 참배하는 신도들이 인상적이었다. 쥐의 신전에서 온몸을 드리우는 신심이라니, 절하는데도 쥐가 몸 위며 머리에서 놀아대는데 그러든 말든 헌신자는 기도에 여념이 없었다.

쥐는 번식력이 놀라운 동물인데도 여기서는 부증불감不增不

사원을 지키는 시크교도
쥐사원에서 신자들이 올린 공양물을 먹는 쥐님들

헌신자 머리 터번 안의 쥐

減으로 늘 똑같은 숫자를 유지한다고 한다. 아침부터 사람들이 많은 공물을 신전에 올리고 쥐님께 올린다.

더욱 놀라운 것은 그 공양물 중 쥐님들이 먹고 남은 것을 가족끼리 빙 둘러 앉아 함께 나눠 먹는 것이었다. 그렇다고 쥐 때문에 어떤 병이 옮거나 사태가 벌어지는 일은 없단다. 노스님들은 그리 신이 나는지 쥐들이 승복 안으로 들어가고 손바닥에 올라와도 외려 사진 찍어 달라며 즐거워하셨다.

이튿날은 라자스탄의 하이라이트 사막이었다. 라자스탄 주는 사막이 대부분인데, 옛 왕들은 커다란 성채와 함께 자신들의 권력을 보전해 갔으나 피지배자들의 삶은 평생 왕실과 그

측근들만을 위한 노예의 삶이었다.

쥐 사원을 뒤로 하고 사막 동네 쿠리란 모래마을로 갔다. 겨울 한철 관광객을 위한 근사한 텐트와 흙집이 매력적이기도 했는데, 그런 곳에서 나고 자라 살아가는 원주민은 단순한 삶을 살아가고 있었다. 늘 거친 모래바람이 불고 여름엔 50도까지 오르는 무서운 더위가 계속되는 지역이다.

도처에 공작새가 날고 거닐며 야생 사슴이 돌아다닌다. 힌두교의 정서엔 불살생이 바탕이 되는 삶이라서 그런지 야생 짐승들도 겁을 먹거나 사람을 피하지 않고 어울려 살아간다.

사실 다람살라 산비탈에서는 늘 해가 산에서 뜨고 산으로 진다. 그런데 여기서는 막막한 지평선에서 해가 뜨고 또 지평선으로 해가 진다. 해가 지는 모습이 참 황홀했다. 저녁엔 넓은 마당에서 그 지역의 전통 음악과 함께 무희들의 춤이며 연주가 그럴듯하게 펼쳐진다.

세계 각지에서 온 외국인과 인도인이 함께 모닥불 주위에 자리 잡고 저녁을 먹는데, 다음날 새벽이 하이라이트였다. 멀리 모래 둔덕까지 낙타를 타고 가서, 모래 언덕배기에서 저 멀리 지평선에서 해가 떠오르기를 기다리는 해바라기를 하는 일이 바로 그것이었다.

낙타는 소처럼 되새김을 하는 아주 순한 초식 동물이다. 그런데 크기가 보통이 아니기 때문에 잘못해서 낙상이라고 한다면 큰 문제가 되기도 한다. 처음으로 낙타를 타보는 우리 노스님들은 그리도 신이 나는지 낙타에게 말을 걸기도 하고 어린애들처럼 즐거워서 어쩔 줄 몰라 하셨다. 낙타 코를 잘 보면 조그만 나무막대가 있는데 그게 바로 코뚜레, 즉 뜻대로 부릴 수 있는 운전대다. 노스님들은 다람살라에 가서도 낙타를 타봤다고 곳곳에서 자랑을 하셨다.

이틀간의 사막 여행을 끝내고 그리 멀지 않은 큰 도시 자이살마르로 갔다. 산 언덕배기에 큰 성채가 자리 잡고 있었는데, 안에까지 들어가 보는 쉬엄쉬엄 가는 구경 길이다. 엄마스님이 제일 쉽게 피로가 오는지 자주 앉아 쉬셨다.

라자스탄의 어지간한 도시에는 반드시 성채가 있는데, 이런 커다란 성채를 볼 때마다 왕궁을 짓는데 강제 동원된 민중의 땀을 생각해 보게 된다.

지구촌 역사에서 제일 큰 토목공사는 무엇이었을까? B.C. 2세기부터 근 1천 년 동안 이뤄진 만리장성 쌓기일 것이다. "너희들은 이 담을 넘어오지 마!"라는 뜻이었겠지만 결국 그 적들이 그 장벽을 넘어와 중국을 다 차지하는 모순의 역사라니!

서양에서도 동시대에 커다란 토목공사가 근 1천 년에 걸쳐 이뤄졌는데, 그게 바로 로마 가도街道다. 동양에서는 오지 말라며 만리장성 쌓았고, 서양에서는 와서 보고 배우며 함께 살자며 어서 오라고 길을 내었다. 로마 가도는 지금으로 말하면 고속도로다. 이런 점에서 동서양의 근본 사상의 차이를 보는 바 폐쇄와 개방, 어느 쪽이 더 보편적이고 유익한 삶의 방법일까?

이제 드디어 바다로 향한다. 라자스탄 국경을 넘으면서 구자라트 변경 관리 경찰들이 우르르 몰려와 "나마스테 구루지!" 하면서 반가이 맞으며 노스님들께 다가와 극진한 인사를 올린다. 이런 먼 곳에서 승복을 입은 노스님들 보기는 드문 일이었을 것이다.

주 경계선을 넘으니 이전과는 확연히 다른 풍광이 펼쳐졌다. 라자스탄의 삭막한 모래 먼지 사막에서 이젠 파란 밀밭이며 활기찬 농촌의 풍경이 펼쳐졌다. 인심도 곳간에서 나더라고 여유와 풍요가 확연하다.

간디 어르신이 태어난 주이며 현 모디 수상이 태어난 곳이라는 데서, 큰 자부심은 물론 주 전체가 채식과 불음주 구역이다. 어떤 육식 요리도 없으며 맥주조차도 판매하지 않고 술을 마시지 않는 전통을 유지하고 있다.

길에서 가끔 야생 사슴들을 만나기도 하고 이름 모를 짐승들을 보기도 했는데 참 좋았다. 구자라트는 도로 사정이며 경제력이 인도 전역에서 최고다. 현 모디 수상이 두 번의 주지사를 하며 미래의 인도를 이와 같이 만들겠다는 선언을 했고, 이번 수상 선거에서도 근 90대 10의 큰 표 차로 재임하게 되었

낙타와 노는 노스님

다. 실제로 모디 수상은 공약을 멋지게 시행해 나가고 있다.

아마 이분의 10년 정치 기간에 인도는 엄청난 변화를 겪으리라 생각된다. 우선 공무원의 청렴도와 쓰레기 없는 인도를 내걸며 올림픽 유치까지 천명했으니, 내 개인적으로도 기대가 아주 크다.

길이 좋아서 잘 달려도 큰 나라답게 바다는 아직도 먼가 보다. 이름 모를 조그만 동네 어설픈 여관에서 다시 하루를 묵은 뒤 스님들께 "오늘은 바다!"를 외치며 출발했다.

마침내 다람살라를 떠난 뒤 6일 만에 바닷가 해안에 닿았다. 80세 긴긴 인생길에 바다를 처음 보는 스님들이었다. 특히 따시 왕걀 노스님은 올해로 86세다. 이 연세에 바다를 처음 보신다니! 바다를 바라보시는 모습이 숭고하기도 했다. 과연 어떤 느낌이실까, 내가 더 설렜다.

시내의 여관보다야 비싸겠지만, 우리 일행은 일단 바닷가에 위치한 여관에 여장을 풀기로 했다. 그때 한 얌전한 인도인이 우리에게 오더니 "붓담 차라남 갸차미! 담마 차라남 갸차미! 샹감 차라남 갸차미!"를 외치며 극진하게 절을 올렸다. "붓다와 법(진리)과 스님들께 귀의합니다."라는 빨리어 게송이다

얘기를 나누어보니 자기는 힌두교도이지만 부처님도 믿고, 얼마 전에는 고엥까 한 달 명상센터에서 수행하고 왔다며 거기서 조석으로 귀의 게송을 읊었다고 했다. 이 도시 포르반다르에 산다기에 우리 사정을 말하고 호텔 얻는 데 도움을 바란다고 했더니, 기다려보라며 보기에도 제법 큰 호텔로 들어갔다.

호텔에서 나와 이런저런 조건을 말했는데, 알고 보니 이 도시에서 최고의 호텔인 삼성급Three Star 여관이었다. 우리 일행 7명을 귀빈으로 파격적인 예우를 해준다고 했다. 아침 식사를 제공하고, 세금 포함 하룻밤에 8,000루피(우리 돈 약 15만 원)로 해준다고 했으니, 우리 산골 촌닭들이 땡 잡은 것이었다.

삼성급 여관답게 크고 깨끗하고 아늑한 방에서 이틀을 쉬어 갈 잠자리를 얻은 것이었다. 날씨가 상당히 더웠지만 방마다

• 86세에 바다를 처음 보
는 따시 왕갈 스님
• 바닷가 모래사장의 네 노
스님
• 간디 어르신이 태어난 집

에어컨도 잘 작동되었고 모든 시설이 깔끔하게 잘 구비되어 있었다.

식사도 정갈하고 맛있는 채식 요리를 제공해 주었고, 식당 직원들은 너나 할 것 없이 호텔에 이런 훌륭한 구루지들이 처음이라며 노스님들과 기념사진을 찍으며 좋아했다.

다음날 새벽에 바닷가를 거닐고 나서 뷔페식 아침을 먹는데, 우리 노스님들은 이런 고급 호텔이 처음이라 무엇부터 어떻게 드셔야 될지를 몰라 하셨다. 한 가지씩 설명해 드리며 천천히 챙겨 드시는 방법을 알려드렸다. 스님들 평생 이런 부드럽고 맛있는 음식을 만나기가 쉽지 않을 터, 맛있게 많이들 드시니 나로서도 이 얼마나 행복인가!

스님들은 틈만 나면 바닷가에 내려가 파도치는 모습을 보며 모래사장을 거닐었다.

오늘 첫 일정은 인도 건국의 아버지로 불리는 마하트마 간디가 태어난 생가를 둘러보는 것이었다. 간디는 유복한 집안의 막내로 태어나 청년 시절에 영국 유학 후 변호사가 되어 첫 부임지였던 남아프리카에서의 자기 자각을 하기까지는 평범한 인생길을 걷던 사람이었다. 유색 인종에 대한 차별을 보고 숨어 있던 인간 혼이 깨어나면서 가난하고 핍박 받던 인도가 영국으로부터 독립할 때까지 평생 비폭력 투쟁의 역사를 이어간 인물이다.

필자는 간디의 위대함은 '자신을 지킨 사람, 자신을 이기고 극복한 사람'이라는 데에 있다고 생각하며 무한한 존경심을 갖는다. 당시 톨스토이가 보낸 편지글이며 같은 시대의 위인들과의 서신왕래를 보면 모두들 지극히 인간적이었음을 알 수가 있다. 태어났던 방이며 역사적 사건들을 설명드리니 노스님들은 처음 듣는다는 듯 열심히 귀담아 들으셨다.

이곳에서의 일정을 다 소화한 뒤 시간을 따로 내어 인도의 극 서부, 파키스탄과 맞닿은 드와르카의 나게스와르 힌두 쉬바 사원에 갔다. 사뭇 경비가 삼엄하여 차량과 소지품까지 철저하게 점검 받았다.

신전은 돌로 지었는데, 과격분자들로부터 보호한다며 일체 카메라나 전화기까지도 못 가져가게 하였고, 출입에 까다로운 검색을 하였다. 쉬바신에게 봉헌된 4대 사원 중의 하나라는데, 이 큰 신전을 하룻밤에 다 조성했다고 한다.

참고로, 인도의 순례자들이 일생에 한 번은 가봐야 될 네 개의 쉬바 사원이 있는데, 서쪽으로 이 나게스와르 사원과 남쪽의 라메스와람 사원, 동쪽의 뿌리 사원, 북쪽의 쿠마온 히말라야 산정에 있는 바드리나쓰 사원이다. 계획하지는 않았지만 오늘 이 신전을 둘러봄으로써 얼떨결에 나는 네 개의 신전을 다 탐방하게 되었다.

사원 마당에는 엄청난 수의 참배객들이 신나게 춤을 추며 노래하고 있었다. 이곳을 왕복하면서 본 호수의 철새들이며, 산처럼 쌓아둔 염전의 소금더미도 대단했고 아프리카에서만 볼 수 있다는 홍학 떼들도 정말 장관이었다.

바다를 아쉬워하며 또 다른 일정을 따라 떠나는 길, 나도 처음인 바도다라Vadodala라는, 전형적인 인도의 도시로 향했다. 운전을 맡아주신 뻬마 스님의 인연으로 인도의 가정집에서 묵었는데, 그날 밤은 모기떼의 극성에 잠을 설쳤다. 모기란 놈들은 인도 사람의 피는 맛이 없는지 나에게만 달려들었다.

구자라트 주를 넘어 라자스탄으로 다시 들어오니 도로 상태며 농촌의 모습에서 많은 차이가 느껴졌다. 독일에서 폴란드 국경을 넘어갈 때 차이가 나는 정도랄까. 우다이푸르란 도시로 나와서는 한때의 영화를 간직한 어느 왕의 왕궁을 둘러보았다.

다음은 푸쉬가르란 옛 고도古都의 작은 도시였는데, 그 조그만 동네에 무려 천 개의 신전이 있었다. 인도의 3대 신 중 하나인 창조의 신 브라흐마가 태어났다는 곳이다. 사실 인도 전역을 다녀보면 흔한 게 쉬바신 신전이고, 브라흐마 신전은 드물다.

당연한 것일 수밖에 없는 것이, 과거의 신보다는 지금 민중에게 필요한, 삶의 고를 여의고 복을 관장하는 바로 여기의 신이 더욱 중요하지 않겠는가. 불행하게도 이 신전은 힌두교도 이외엔 출입불가여서 밖에서 눈요기로 끝낼 수밖에 없었다.

다음으로는 인류의 문화유산이라고 불리는 타지마할을 둘러볼 차례였다. 사실 이 건물의 이름은 우리말로 옮긴다면 '월하의 공동묘지'쯤 될 것이다. 왕과 왕비의 무덤이 화려하다 보니 무슨 왕궁인 줄로 착각하고 구경을 하기도 하는 곳이었다.

아그라-델리 구간은 인도에서 자랑하는 고속도로 1호다. 정말 신호등도 없고 소나 개, 말이 없는, 리어카나 자전거도 안 다니는 고속도로다.

델리에서는 현 회장님 댁에 들러 노스님들이랑 한국 음식을 공양 받았다. 우리 현 회장님은 고향이 이북 함경도 청진이다. 6·25 당시 인민군 소좌로서 유엔군에 포로로 잡혔다가, 1954년 혼자만의 선택으로 인도에 들어와 지금까지 살고 있다.

그동안의 고생과 함께 역사의 산증인이기도 하다. 올해 84세로 죽기 전에 조국 통일을 보고 고향 땅 청진에 가보고 싶으시다는 말씀이며, 한평생을 인도에서 살아온 것이 보람이고 인도 땅에 감사하다는 말씀에 절로 숙연해졌다.

이렇게 1월 8일 길을 떠나 1월 24일 밤늦게 돌아왔다. 16박 17일의 긴 여행을 무사히 마칠 수 있었던 것은 모두가 보이지 않는 분들의 기원과 성원 때문이었다.

이후 네 분의 노스님들은 누가 오기만 하면 어디어디 다녀온 곳을 한 군데도 빼놓지 않고 자랑삼아 얘기하신다.

연세 많은 이 스님들이 건강하게 오래오래 사시기를 기원한다. 순수 청정비구로 존재하는 것만으로도 세상을 맑히고 밝히는 빛이요 정화제요 청량제이기 때문이다.

꼬레아 하이 라마

필자가 사는 히마찰 프라데쉬의 끼노르 지역은 사시사철의 변화와 함께 대단히 아름다운 풍광을 지니고 있다. 특히나 인도의 성산 만년설 카일라스가 있는 곳이기도 하다. 얼마나 종교적인 영기가 서려 있기에 티베트의 '수미산 카일라스'에 견주는 '인도 카일라스'라고 했겠는가.

어쩌면 이리도 아름다운 자태일 수가 있는지, 거기에다가 무수한 아름드리 백송白松 군락은 감탄을 절로 자아낸다. 우리나라에서는 하얀 소나무 몇 개를 보호수로 지정하고 있다고 하는데, 이 지역 주민들은 마른 백송나무를 땔감으로 써서 난방도 하고 밥도 지어먹는다.

스피티 산간 마을에 의료봉사를 가기 위해서는 꼭 들러 하루 이틀 쉬고 가는 곳이라서 참 많이도 오고간 곳이다. 성산 맞은편 3,000m 지점에 깔파라는 마을은 그 모든 아름다움을 다 볼 수 있는 곳이다.

거기엔 나와 오래전부터 인연이 있는 티베트 노부부가 살고 있는데, 아들이 조그만 여관을 운영하고 있다. 이름은 티베트 전설상의 이상향이라고 하는 샴발라 샹그릴라 호텔이다.

하루는 그 여관 주인 아들 도르제 씨의 전화가 왔다. 어제 자기 여관에 꼬레아 하이 라마가 와서 일부러 전화한다며, 얘기라도 나눠보라고 전화기를 건네주겠다는 반가운 소리다.

내심 한국에서 이 먼 곳까지 온 스님이라니 반가워서 "여보세요?" 하며 인사를 했다. 그랬더니 대뜸 "너 거기서 공부하고 있구나."라는 반말이었다. 한 번도 본 적 없고 말 한 번 나눠보지 않은 사람이 첫말에 무례한 말대꾸일까 싶어서 내 특유의 따발총을 쏴댔다. 그때 했던 말을 한마디도 빼먹지 않고 그대로 여기에 적어보겠다.

"뭐라고, 너 누구야? 이런 개 같은 놈! 너 같은 폭력적인 성직자가 있으니 민중이 종교를 떠나는 것이다. 착한 민중이 힘들고 희망 없는 세상이 되어가는 거다. 나는 비구 청전인데 나이는 예순 다섯이고 여기서 근 30년을 살았다. 내 말에 잘못된 게 있다면 언제라도 와서 따져라."

화가 나서 말이 나오는 대로 쏘아 붙이니 그쪽에서 전화를 끊어버렸다. 곰곰 생각하니 더욱 화가 치밀었다. 도대체 어느 스님이 이리 예의도 없이 초면에 반말을 툭툭 던진단 말인가? 생각이 이어지다가 달라이 라마 사무실에 혹시 근래 한국 스

키노르 성산 카일라
스의 힘찬 일출

님이 존자님을 만난 적이 있는가를 물으니, 아니나 다를까 한
불교 종단의 최고 책임자인 종정이라는 사람이 잠깐 뵙고 갔
다고 하였다. 듣자 하니 그 종단에서 스피티 지역의 한 곰빠와
인연이 되어 도움을 주고 있다고 하였다.

작금의 소위 성직자라는 사람들은 그야말로 이름만 성직자
이다. 자격은커녕 함량 미달이 많다. 누구에게나 반말을 하고
군림하려 든다.

내가 생각하는 성직자란 첫째, 청정하고 청빈하며 겸손하고
공부하는 사람이어야 한다. 언제 어디서나 추앙 받는 이들은
겸손했고 위보다는 아래로 내려가 힘없고 소외 받는 민중, 헐
벗고 가난한 사람들을 가까이 했다.

일부 성직자라는 혈색 좋은 사람들은 자기 영성을 갖추는
수행과는 거리가 한참 멀 뿐만 아니라, 자기 종교에 대한 바른

157

지식도 없이 수완 좋은 사업가인 듯 뭔가 새로운 일을 끊임없이도 만들어댄다. 그러므로 착한 민중들은 떠나버리는 것이다. 거기서 뭘 배우고 뭘 얻을 것이며, 어떤 위안을 받고 어디에 희망을 두겠는가! 오히려 짜증만 더하는 꼴이다.

지금 우리나라 종교는 머잖아 유럽의 현상을 따라가 민중은 없고 화려한 신전이나 사원의 거대한 형상만 남을 것이다. 내용은 없고 포장지만 그럴싸해져 가니 말이다.

어느 종교인들 나쁜 가르침이 있겠는가. 언제나 그 자리에 앉아 있는 사람이 문제인 것이다. 바른 철학이나 사상이 없다 보니 법은 없어지고, 삶의 향기는커녕 고약한 냄새만 풍기는 것이다. 일신의 영화나 추구하려고 정치와 결탁하고 자리에만 연연하고 있으니, 세상에 타락한 성직자의 악취처럼 역겨운 것이 어디 있을까.

부처님 당시의 승가는 비구의 법랍으로 질서와 위엄이 지켜지는 위계가 있었다. 우리의 맑은 스승이셨던 법정 스님께서는 입적할 때까지 오직 '비구 법정'으로 당신을 지키셨다.

근래에는 어느 종교나 성직자의 이름 앞에 전에 없던 대단한 명예직 간판이 많이도 붙는다. 종교 사원이 거창한 직함을 위한 권력다툼, 힘과 돈의 대결장으로 변해 버렸지 않는가 말이다.

한국에 들어와 그 종단의 최고 명함을 가진 사람의 마지막 소식을 들었다. 신도들 성추행 사건이 드러나면서 그 자리에서 쫓겨나다시피 했다는 추한 소문이었다.

또 요즘엔 수많은 새로운 종단이 생겨난다. 이 좁은 나라에 수많은 종교가 있고, 또 그 안에서 파벌이 생기며 일신의 안위를 위해 자기 종단을 만드는 것이다. 제품 하나에 포장지 바꾸며 새로운 이름의 상표를 저마다 붙이는 것과 무엇이 다른가. 어쩌다가 짧은 시간에 종교가 청정을 떠나 천박한 상업화로 전락하였는지 이젠 헛웃음이 나온다.

"칠흑 같은 어둠도 단 한 자루의 촛불이면 어둠을 이긴다."

"세상이 온통 가시밭길이라도 가죽신 하나 잘 챙겨 신으면 쉽게 건너갈 수 있다."

이 좋은 법구法句는 샨티데바의 『입보리행론』에 나오는 말씀이다. 『입보리행론』은 자비를 바탕으로 한 보리심菩提心의 실천을 강조한 경전이다. 자기희생으로 남을 배려하며 저마다 본래 갖추고 있는 부처종자를 일깨우는 성약聖藥은 보리심일 뿐이다.

헤미스 곰빠의 라마

라닥에는 역사적인 곰빠가 많이 있다. 그중에 헤미스 곰빠는 규모로나 역사적으로나 꽤 이름 있는 절이다. 무엇보다도 봄에 열리는 전통 마스크 댄스 축제로 세계적인 명성과 인기를 누리고 있기도 하다.

나는 개인적으로 그 절의 참 가치를 절 위쪽에 있는 무문관, 즉 폐관 수행 터에 더 큰 의미를 둔다. 그곳은 '괴창'이라 불리는 암자인데, 우리말로 하면 '독수리 둥지'라는 뜻으로, 과연 독수리나 둥지를 틀고 살 만한 그런 험준한 바위산에 자리하고 있다. 해발 4,200m 높이에 위치하니 1년의 반은 혹독한 겨울 추위를 견뎌야 하는, 1,000일 간 인고의 시간을 견디는 난행고행의 수행 터이다.

낑낑대고 올라가보면 저절로 마음이 정화되는 듯 합장을 하게 된다. 절대절명의 신심으로 흙집 움막에서 1,000일 간 밖에 나오지 않고 용맹정진의 수행을 성취하는 곳이다. 아래 큰 절

파드마삼바바(구루 린포체), 티베트불교의 종조로 모시는
연화생 존자이다. 링세 마을의 한 헌신자 노인이 혼신을
다해 조성한 후 돌아가셨다. (사진 전제우)

의 담당자 스님이 밤에 정해진 구멍으로 음식을 넣어주는데, 그것만으로 살아가야 한다.

나는 그곳을 두 번 올라갈 수 있었는데, 한 번은 마침 폐관수행이 끝나는 날이어서 아홉 분의 토굴 스님들을 볼 수가 있었다. 비록 남루한 승복에 삭발을 안 해서 긴 머리카락이었지만, 보는 자체로 숙연해짐은 물론 저절로 무한의 환희심이 일어났다.

그분들의 얼굴은 씻지 않아서 땟물이 배어 있었지만 위엄과 더불어 잔잔한 자애로움이 보였다. 또 맑은 눈빛은 절대 잊히지 않는 기억으로 남아 있다. 내 일생의 어떤 체험보다 큰 감동이었다.

다른 한 번은 사진작가를 대동하고 긴장과 함께 발자국 소리도 조심하며 입구까지만 가기로 하고 올라가 보았다. 필자가 1987년부터 지금까지 라닥을 들어가게 되면 꼭 방문하는 절이다. 근 이십 년간을 매년 빠지지 않고 찾아갔었다.

그런데 아직까지 그 절의 최고 어른이라는 라마를 만나본 적이 없다. 적어도 서른 번은 그 절을 갔었지만 그 라마라는 린포체는 없었다. 늘 외국에서 지낸다고 한다. 그 절에는 백 명이 넘는 스님이 있고, 게다가 사미승과 노스님도 많은데 무슨 일로 그리 외국으로만 돌아다닌다는 것인지 의아했다. 큰 절의 최고 어른이요 책임자로 절을 비워두고 다른 세상에서

도대체 뭘 하는 것일까?

한 번은 잘 아는 그 절 노스님이 볼멘소리로, "나닝 곰빠 라마니 니마 응아 마톡 곰빠라 데마쏭."이라고 하셨다. "작년에 우리 절 라마가 꼭 닷새만 절에 머물렀다."는 뜻이다.

한 번은 한국에서 전화가 왔는데, 바로 그 절 헤미스 곰빠의 라마가 한국의 어느 절에서 관정을 준다는데 어떤 사람이냐고 묻는 투의 전화였다. 한국은 또 어쩐 일로 갔을까, 그것도 관정을 주기 위해서라니.

관정식은 티베트 불교에 있는 밀교 의식이다. 관정을 주기 전에 적어도 며칠간 그에 맞는 법문을 해야 하기 때문에 준비 기간으로만 며칠의 시간이 필요하기도 하다.

그런데 한국 들어가자마자 관정식이라니, 그것도 참가비를 내고 선착순 운운 하는 의식이라고 하였다. 더 놀라운 것은, 티베트밀교 최고 단계에서 받을 수 있는 비밀관정으로 무상유가無上瑜伽 관정식임을 알고는 더욱 허탈했다.

무상유가 관정은 누구나 그냥 받을 수 없는 고도의 수행체계로 복잡한 의식이다. 그래서 달라이 라마도 무상유가 관정을 주는 날 만큼은 거기에 맞는 수행을 할 수 없는 사람은 오지 말라고 미리 선을 긋는다. 그런데 티베트 불교가 뭐고 관정이 무언지도 모르는 한국불자에게 마지막에 받는 비밀의 무상유가 관정을, 게다가 돈을 받고 준다니, 그저 행사용으로 끝냈을 것이 뻔하다.

관정은 일종의 입문식 통과의례이며 서약이다. 수행의 약속인 것이다. 그런데 그걸 행사용으로 써먹었다는 것이다. 이것이야말로 종교의 암이다. 정작 내용도 의미도 모르면서 그저 대단한 것인 양 맹목적으로 따라 하는 의식일 뿐이라면 결과적으로는 양쪽 다 자살행위인 것이다.

훗날 들으니 일 년 뒤에 라마가 절에 전화를 해서 그런 행사를 또 하지 않느냐고 물었다고 한다. 그 라마가 자기 절에는 안 묵고 뻔질나게 외국만 싸돌아다니는 내막을 좀 알 만했다.

필자는 수행이 깊지 못하고 자비심이 부족해서인지 어느 종교의 성직자이건 간에 민중을 외면하고 물질과 권력을 좇는 일은 성직자의 위선과 폭력이라고 생각한다.

지난 독재정권 시기에 권력에 맞장구치며 '나라를 위한 조찬 기도회'니 뭐니 하는 거창한 행사들을 하던 타락한 성직자들이 뇌리에서 떠나지 않는다. 민중들은 죽어나가는데 자신의 영달과 이익만을 챙기는 위선적인 성직자들이 분노를 야기한다.

나라와 국민이 어렵고 위태로울 때조차 타락한 성직자들은 정권과 결탁하여 호의호식하던 것을 역사는 보여주고 있지 않은가 말이다. 지금이라고 해서 다를까 싶다.

내가 항상 강조하는 것이지만 기도나 축원은 '보이지 않는

헤미스 곰빠 가면 축제(사진 전제우)

곳에서 하는 것'이며, 온갖 화려한 의식이나 미사여구로 길게 늘어놓는 것이 아닌, 진실한 마음으로 짧게 하는 것이다. 신전과 사원은 늘어만 가고 일요일마다 장광설은 차고 넘치는데 비해 왜 세상은 더 어두워가며 민중은 희망도 없이 고통 속에 살아가는가.

진실이 담기지 않은 말에는 어떤 향기도 에너지도 없다. 판에 박은 성직자의 장광설은 오히려 이 시대에 암이고 독이 되어 가고 있다는 것을 깊이 생각해 볼 일이다.

푹탈 곰빠

푹탈 곰빠는 라닥의 수많은 곰빠 중에서 가장 발길 닿기가
어려운 곳으로, '해탈의 동굴' 사원이라는 뜻이다.

그곳을 가는 방법은 두 가지가 있는데, 두 가지 다 걸어가는
길이다. 내가 좋아하는 길은 만년설 싱고라(5,301m) 고개를 넘
어 허허들판에서 비박도 하며 닷새를 걸어야만 되는 길이다.

다른 반대쪽 길도 쟌스카 계곡의 중심인 빠둠에서 잿빛 개
울을 타고 사흘을 걸어 올라가야 되는 만만치 않은 길이다. 그
길로 간다면 일단 라닥의 레까지 간 뒤 다시 들어와야 하는 번
거로움이 있다. 그래서 나는 라닥으로 들어가지 않고 좀 고생
은 되지만 곧바로 가는 루트인 고개 넘어 가는 쪽을 택한다.

요새는 얼추 고개 위까지 어설프긴 해도 비포장 돌투성이
군사도로가 생겨서 옛날에 비하면 사흘 걸음이나 줄여주니 더
욱 고개 넘어가는 코스를 따른다.

더러 혹독한 고생을 하며 의료봉사를 따라나선 분들이 다녀

와서 하는 말은 두 가지로 나뉜다. 죽어도 다시는 그 길로 가지 않겠다는 사람, 죽어도 좋으니 다시 또 그 길로 걸어가고 싶다는 사람이 그것이다. 그 길을 가 본 후에라야 그 말뜻을 알아차릴 수 있다.

다람살라의 우기雨期 석 달은 보통 고역이 아니다. 석 달간을 장대비와 운무 속에서 살아야 하기 때문이다. 1991년, 마침 한국에서 순례를 온 스님과 바라나시에서 공부하다 올라온 두 스님을 꼬드겨 우기도 피할 겸 쟌스카 계곡 산행을 하기로 했다.

사실 그때만 해도 그저 여행이나 한번 가본다는 심사로 갔기에 라닥의 절이나 주민들의 이면에 대해서는 아는 것도 없었고, 또 그다지 관심을 가지지도 않았다. 하지만 이후 무슨 인연인지 매년 바리바리 온갖 짐을 챙겨서 오가는 운명의 라닥이 되어 버린다.

그리고 이레 동안 걷고서야 푹탈 곰빠를 참배할 수 있었다. 그것도 한 스님은 고개도 넘기 전에 고소증세를 이기지 못하고 내려가 버렸고, 다른 스님도 곰빠 들어가는 갈림길에서 하루 더 쉬겠다고 해서 결국 나 혼자서 절에 올라갔다.

수직 벼랑 바위에 새카맣게 뻥 뚫린 동굴과 제비집처럼 다닥다닥 붙어 있는 기이한 절의 모습에 그저 호기심으로 동굴부터 걸어 올라갔다. 그런데 도착하고 본 동굴의 모습은 놀랍

푹탈 곰빠(사진 전제우)

기 그지없었다. 세상에 이런 곳에 호수가 있다니, 컴컴한 동굴 안에 발을 들여 놓으니 거기에 맑고 맑은 호수가 있었다.

호수 한가운데에는 하얀 삼층탑이 있고, 한쪽에서는 두 스님이 진언을 외우면서 호수 언저리를 돌고 있었다. 동굴이라서 그런지 진언을 외는 소리가 왕왕 메아리쳐 참 듣기가 좋았다. 놀랍고 흥분된 마음과 무언지 모를 환희심에 젖어 나도

등신불 세랍 쌍뽀 스님을
모신 탑(사진 전제우)

한 바퀴 돌면서 염불을 소리 내어 읊조렸다. 염불을 하는 중에도 이런 곳에 어떻게 호수가 있을까, 그저 한없이 신기할 뿐이었다.

동굴 안의 고요함과 신비로움이 오묘하게 어우러져, 천상이 있다면 이런 곳이겠지 하는 생각이 절로 들었고, 나는 몇 번이고 맨바닥에 합장 배례의 큰절을 올렸다.

환한 동굴 밖으로 나와서 대중 스님들을 모두 모이시게 하고 보시를 드렸다. 이런 곳에서 무엇을 아끼랴, 한국 비구라며 다람살라 얘기며 존자님 얘기 등등에 당신들도 좋아라 하고 자기 절에 한국 사람이 처음이라며 짜이(茶)를 내놓았다.

내가 적선 시주 방함록에 '꼬레아 겔롱(비구) 텐진 최꺕'이라고 쓰니, 옆에서 보고 있던 사미승이 "알레, 갸 탐바!"라고 외쳤다. "아이구머니, 100루피네!"라는 티베트 말이다. 당시 100루피는 상당히 큰돈이었던 시절로, 노동자의 하루 일당이 20루피였고 말 한 필을 빌려 짐 싣고 며칠을 간다 해도 하루 100루피로 흥정되던 때였다.

그곳을 떠나려는데, 마을에 갔다가 막 올라온 사미승을 데려와서 이 어린 스님한테도 보시를 달라고 했다. 기쁨으로 보시한 것은 물론, 지금도 그때 찍은 사진을 보면 저절로 미소가 떠오른다. 옷차림이며 스님들 모습이 어찌 그리도 소박하고 순수한지 보기만 해도 웃음이 배시시 나온다. 문명권에서 벗어난 사람의 모습에 그리 정감이 간다.

어쨌든 동굴 안의 신비로운 호수를 만난 환희심, 경외심, 충격, 흥분되었던 당시의 심정은 지금도 표현하기가 어렵다. 이 세상의 많은 사원들을 보아왔지만 그토록 큰 감동은 일찍이 없었다.

사실 험한 길을 걷고 걸어 마지막 다리를 건너 고개 너머 절의 모습이 보일 때 나도 모르게 "아!" 하고 외마디 탄성이 터져 나왔다. 세상에, 이런 곳에 이런 모습의 절이라니! 더구나 동굴 안에 이렇게 맑고 큰 호수가 있다니! 무슨 동화 속의 세계와도 같은 그런 곳이었다.

이듬해는 길을 달리하여 라닥을 걸어갔는데, 버스나 찻길이 아닌, 무려 다람살라에서 레까지 걸어서 간 40여 일의 대장정이었다. 4~5천m의 고개를 열두 개나 넘었다.

한 번도 가보지 못했던 낯선 곳을 어설프게 그려진 지도 한 장 들고 도보로 나섰으니 무모하고도 대단한 열정이었다. 지금 생각해보면 어떻게 그런 용기와 힘을 낼 수가 있었는지 모르겠다.

그러나 지금도 팡기 골짜기의 아톨리 지역 쑴참 마을에서 히말라야 능선 우마치라 빙하고개(5,460m)를 넘어 쟌스카로 이어지는 비경의 그 길은 다시 한번 또 가고 싶은 길이다. 그때 험한 고생을 함께했던 해인사의 한 스님과 타고난 산사람

신현덕 씨를 잊을 수가 없다. 그때도 수행하러 온 스님과 신현덕 씨는 내 꼬드김에 속아, 놀러가자는 말에 그냥 따라 나선 게 인생 탄젠트가 한참 꼬여버렸으니 다 내 책임이다.

나는 그때 도보 여행길에서 라닥 사원과 주민들의 삶의 애환을 알게 되었다. 그 이후 나는 라닥 곰빠와 골짜기 주민들에게 도움을 드리고자 시작한 보시를 무려 20년이 넘도록 매년 해왔다. 어떤 해는 서너 번을 오가기도 했으니, 내가 생각해도 그 열의가 대단하다. 그때의 내 진심과 내가 해온 일들은 하늘이 알고 땅이 알리라. 그 가운데에서도 가장 애정을 가지고 찾았던 대상은 쟌스카와 누브라 지역이었다.

다음으로 푹탈 곰빠. 제일 안쪽에 자리했기에 파둠에서 말 네 마리를 준비하고, 말꾼 외에 오가며 일을 도와줄 두 스님이 동행했다. 스님들에게 필요한 갖가지 물건을 챙기다 보면 짐이 점점 많아진다. 그리고 승복과 구두 두 가지 물품은 꼭 다람살라에서 만든 수제품으로 준비해가지고 갔다.

가는 길에 날이 저물면 마을 집에서 묵게 되는데, 이때도 마을 주민들이 어디가 아프다 뭐가 필요하다며 저녁 내내 북새통이다. 하찮고 흔한 손톱깎이나 돋보기를 비롯해서 별의별 생필품이 오지 마을인 이곳에서는 매우 요긴하다. 그 가운데서도 단연 인기는 돋보기안경이다.

내가 무엇보다 보람이 있었던 것은, 다시 그 마을을 찾아갈 때면 안경을 얻어간 사람들로부터 이제는 경전을 보고 기도도 할 수 있다며 고맙다는 말을 수없이 들을 때이다.

푹탈 곰빠를 찾아가던 당시에는 찻길이 없어 나흘을 걸어서 절에 도착했다. 나는 우선 물어볼 것도 없이 뛰다시피 동굴 안으로 들어갔다. 맨 처음 동굴 안에서 호수를 본 날로부터 근 10년이 지났어도 늘 동굴 안의 신비로운 호수는 내 머릿속에 생생하게 각인되어 있었기 때문이다.

그런데 아니, 이게 어찌된 일인가! 동굴 입구가 바위로 꽉 막혀 있었다. 그 큰 동굴 안이 바위 절벽으로 막혀 있어 호수도 볼 수 없을 뿐만 아니라 안으로 들어갈 틈도 없었다.

나는 당장 우선 나이 드신 스님들께 10년 전인 1991년 처음 왔을 때 내가 본 이 동굴 안의 호수가 지금은 어찌되었느냐며 따지듯 물었다. 그런데 맙소사! 원래부터 호수 같은 건 아예 없었

잿빛 급한 물이 억겁의 세월을 두고 흐른다. 티벳 장탕 고
원에서 시작하여 놀랍게도 티베트 성산 카일라스 북면에
서 기원하는 물과 합류하여 인더스강을 이루며, 끝내는 파
키스탄 카라아치를 거쳐 인도양에 이른다(사진 전제우)

다고 했다.

그렇다면 내가 헛것을 봤단 말인가? 그건 아니었다. 분명 동굴 안에는 맑고 둥근 호수가 있었다. 호수 가운데는 하얀 삼층탑이 있었으며 두 노스님이 진언을 외우며 호수 주위를 돌고 있었다. 지금 이 글을 쓰면서도 얼추 30년이 되어 가는 그 기억이 너무도 분명하고 뚜렷하다. 참으로 신기했고 놀랍고 아름답기도 했던 그 체험이 너무도 생생하게 기억된다.

여기에서 아직까지 누구에게도 함부로 쉽게 말할 수 없었던, 나의 또 다른 신비롭고 조금은 겁도 났던 체험을 밝혀본다.

1990년 바라나시 강변에서의 일이었다. 어둠이 가시지 않은 이른 새벽 몇몇이 강가에서 조그만 배를 타고 강 가운데로 나아갔다. 얼마쯤 가노라니 강 가운데쯤에서 커다란 용이 솟구쳐 올랐다가 포물선을 그리며 다시 물속으로 들어갔다.

나는 그때 내 눈으로 직접 용이 솟구쳐 오르는 것을 생생하게 목격했다. 그 용을 보는 순간 내 몸은 굳어버렸고 나는 한마디도 할 수 없었다. 용의 세밀한 모습이나 물살이 갈라지는 그런 광경을 어떻게 표현하고 설명을 할 수 있을까?

나는 그때 이 도시와 강은 예사로운 곳이 아님을 알았다. 세상에는 보이지 않는 세계가 분명 존재함을 그때 알아차렸다. 이런 말을 하면 누가 곧이들을까 싶다. 과학문명의 시대에 전설 따라 삼천리 같은 이야기를 과연 누가 믿을 것인가?

1993년 성산 카일라스를 순례할 때도 성산 아래 마나사로바 (마꽘 융초) 호숫가에서 찍은 사진에 용이 찍혀 나왔다. 그것도 한 마리가 아니고 여러 마리에, 용을 받쳐주는 신기한 연꽃 무리까지. 다만 공부 눈을 갖추지 못한 사람은 볼 수가 없다.

이후로 나는 동굴 안의 호수에 대한 체험과 궁금증으로 계속 푹탈 곰빠를 찾게 되었다. 그러던 중 한 노스님이 이 절의 유래와 더불어 어렸을 적 한 스님께 자신이 들었다는 얘기를 해주었을 때, 더 이상 의구심을 갖는다거나 내가 풀어보고 확인할 일이 아님을 알았다.

그때 들은 이야기로는, 이 절의 유래는 무려 세존 석가모니 시기까지 올라간다. 부처님께서 열반에 드신 후 아라한 세 분이 이곳으로 날아왔다. 이후 세 분은 도업을 이루고 세상을 떠났는데, 그러다가 티베트에서 총가파의 제자 장쎔 세랍 쌍뽀 (1395~1457) 스님이 푹탈에 와서 최초로 이 절을 짓고, 죽을 때까지 이 절에서만 살았다고 한다.

지금도 그 스님이 정진했다는 바위굴이 그대로 남아 있다. 좌탈입망座脫立亡한 몸은 동굴 입구의 탑 안에 모셔져 있어 스님들의 예경 대상으로 지금도 탑돌이를 하는 이들이 있다.

스님이 들은 바 기억으로는, 이곳 스님들이 수행을 잘하고 살면 동굴 안에서 흘러나오는 물로 살아가는 데 어려움이 없을 것이며, 만약 잘못 산다면 물이 적어져서 저 아래에서 물을 날라 오는 고생을 해야 될 거라고 한다.

이 노스님의 말씀을 듣고 비로소 1991년 처음 와서 체험한 동굴 안의 신비로운 호수에 대한 의문이 말끔히 풀렸다. 꿈도 아니고 환幻도 아닌 실체 그대로 믿게 되었다. 먼 훗날 누군가의 신심과 수행으로 이 절의 동굴 안 호수의 신비가 다시 밝혀지리라.

해탈의 동굴 사원 푹탈 곰빠, 내가 경험한 일은 초의식 세계에서는 얼마든지 가능한 일이다. 밀교 수행에서 말하는, 고도의 수행력 속에서 몸과 의식이 병행되는 때이다. 감각의 눈으로는 볼 수 없는 마음의 눈, 심안心眼으로 보는 현상이었던 것이다.

장님 소녀와 베토벤의 일화, 즉 달밤에 베토벤이 장님 소녀를 위해 피아노를 쳐주고 나올 때 장님 소녀가 "선생님, 오늘 달빛은 참으로 아름답습니다."라고 한 말을 저절로 알아들을 수가 있게 된다.

성자 나로빠의 마지막 수행 동굴

이 동굴은 잔스카 서쪽에 자리한 사원인 종쿨 곰빠 위에 있다.

성자 나로빠(1016~1100)가 틸로빠(988~1019) 스승을 만나 12년간 각고의 수련을 거쳐 마지막 수행처로 삼았던 동굴로서, 누구라도 처음 보는 순간 '과연 그랬겠구나!' 하는 전율을 느끼며 실감할 수 있는 곳이다.

대승불교 요람인 나란다 대학의 학장이었던 나로빠 성자가 마지막 수행 터로 이 동굴에서 해탈을 성취하여 수행의 끝을 본 자리가 바로 이곳이다.

까규파의 수행 전통은 나로빠 성자의 가르침을 토대로 '나로 육법(나로빠 6성취법)'이라는 수행 체계를 이루었다. 성인을 지존至尊 성자로 모시는 엄숙한 예식이 이어진다.

방문이 쉽지는 않다. 필자가 처음 참배했을 때는 1992년, 아직 티베트 불교를 잘 모르는 때여서 그냥 거쳐 간 조그만 절일

종쿨 곰빠 동굴안에 모셔진 불상과 나로빠 성자(사진 전제우)

뿐이었다. 이후 성자의 고귀한 가르침에서, 쉽게 '전설 따라 삼천리'로 치부해 버리기 쉬운 성자의 가르침의 진실을 하나씩 알아차리게 되었다.

이 동굴 아래로 30여 킬로 떨어진 곳에 샤니 곰빠가 있고, 이곳에 성자의 사리탑이 있다. 소박한 형식으로 화려하지는 않지만 흙과 돌로 조성된 제법 큰 사리탑이다. 라닥에서 쟌스카를 오가면서 이 절과 탑을 그냥 지나치지 않고 항상 예경 참배했었다.

한 번은 절에 가니 주지 스님이 오늘 성자의 소상을 모신 사당이 열려 있으니 참배하러 가자고 하였다. 성자의 사리탑 뒤쪽에 작은 사당이 있었는데, 수없이 다녀가면서도 거기에 성자의 소상을 모셔둔 것을 미처 몰랐었다. 문이 열려 있어 처음 보는 성자의 소상에 마음을 모으고 합장을 하니 소상의 왼쪽 손바닥에서 내 앞으로 뭐가 툭 튀어나왔다.

하얀 사리였다. 나는 정말 전율이 일도록 놀랐다. 주지 스님도 "꼬레아 비구 스님이 공덕이 많아 이런 이적이 일어났네요."라고 하면서 칭찬의 말씀을 하였다. 내가 무슨 공덕을 쌓았고 또 어떤 큰 수행이 있다고 이런 일이 생긴다는 말인가? 소상 아래 바닥을 보니 이미 몇 알의 하얀 사리가 내려앉아 있었다.

너무 신기하고 놀라서 이 사리 한 과를 모셔 가도 되는가를 물으니, 고개를 저으며 적어도 이 지존 성자의 사리만큼은 자기 종파의 최고 어르신 라마께서 관리한다고 하였다. 알고 보니 이 사당은 일년 중 딱 한 차례 티베트력(한국식 음력) 6월 8일~15일까지만 열어둔다고 한다. 그동안 필자는 이 날짜에 맞춰서 오지 않았기 때문에 늘 사리탑만 참배하고 돌아간 것이었다.

이러한 신비로운 현상을 어떻게 설명할 수가 있겠는가? 성자의 소상에서 어떻게 사리가 나오는 것일까? 첨단 과학으로도 풀어낼 수가 없는 일이지 않는가! 종교적인 현상으로 치부하고 말아야 하는 것일까?

가끔 역사가 오랜 불탑에서 절을 한다든가 기도를 하다가 한 움큼의 사리를 받아낸 스님을 보기도 했고, 또 그 사리를 절에서 모시도록 드린 적도 있다. 그리고 사리 봉안식에서, 이 사리는 부처님 진신사리가 아니고 어느 신심 많고 청정한 티베트 스님이 절하다가 우연히 받아낸 사리임을 분명하게 밝힌다.

우리나라만 해도 부처님 진신사리를 모신다는 사리탑이 얼마나 많은가. 부끄러운 얘기 하나를 하고자 한다.

모르는 스님이 찾아와 봉투를 두 개 내놓으며 하나는 달라

샤니 곰빠 사리탑 뒤에 모셔진
나로빠 소상(사진 전제우)

184

이 라마께 올리고 하나는 나에게 드린다며, 티베트 부처님 사리를 얻고 싶다고 하였다. 사리가 이렇게 돈으로 주고받을 수 있는 물건일까? 그 자리에서 봉투 두 개를 던져주며 이런 짓보다는 맑게 잘 살아가는 수행을 하라고 타일러 보낸 적이 있다. 이젠 절마다 진신사리가 너무 많으니 누가 그것을 믿고 공경하며 예경을 올리겠는가.

한 번은 이런 일도 있었다. 본인은 재가 신도인데 기도 중에 허공에서 내려오는 사리를 받았다며 달라이 라마께 진위를 가

성자가 새겨진 바위돌. 이 돌을 들고 탑 한 바퀴를 돌면 금생의 죄업이 없어진다는데 너무 무거워 들 수가 없다. 가끔 힘 센 장부들이 땀을 뻘뻘 흘리며 탑 한 바퀴를 도는 사람도 있다.(사진 전제우)

려달라고 사리를 가져왔다. 존자님께 직접 신도분이 사리를 올리고 사리 내력을 통역해 드리니 보시고는 이런 일이 있을 수 있다고 하셨다. 그러나 보리심의 실천으로 공성空性의 진리를 깨닫는 게 더 중요하다는 말씀을 해주셨다.

이후 존자님의 증명을 받은 사리를 불단에 모셨다. 3과를 모셨는데 지금은 영롱한 사리 5과로 증식되어 있다. 지극히 종교적인 현상이리라. 끝까지 법을 드러낼 수 있는 방편으로서 이 사리를 모실 것이다. 어떤 종교적인 현상이라도 이면에는 순수하고 진실하며 청정한 바탕이 밑받침으로 되어야 한다.

이제 내년 7월에 또 설산 넘어 푹탈 곰빠와 종쿨 곰빠 순례 길을 걸어가는 준비에 저절로 신심이 난다. 겸하여 나를 기다리는 곰빠의 스님들과 마을 주민들을 다시 만난다는 생각만 해도 신명이 난다.

참고로 지금강(持金剛; 도제창) 부처로부터 까규파 법 전승도를 보면 다음과 같다.

띨로빠(988~1069) ─ 나로빠(1016~1100) ─ 마르빠(1012~1092) ─ 밀라레빠(1052~1135) ─ 감뽀빠(1079~1153) ─ 까르마파(1110~1193)

현 17대 까르마파는 2000년 1월 5일 중국 티베트에서 인도로 극비의 탈출을 감행하여 망명에 성공했다. 티베트 불교에서 린포체 제도, 즉 환생제도는 1대 까르마파에서 시작되었기에 중요한 인물로 알려진다.

참고로 현 달라이 라마는 제1대 겐뒨 둡(1391~1474)으로부터 시작되었다. 총카파(1357~1419)의 법제자였다.

라마유루 곰빠 바위벽에 모셔진 세 성자. 나로빠, 마르빠, 밀라레빠
(사진 전제우)

교회 안에서 본 만卍자에 대한 단상

출가하여 절집에 들어와 자연스레 익숙해진 만卍 자에 대해서는, 단순히 불교와 절을 상징하는 기호정도로 생각하고 있었다. 그러다가 인도 땅을 순례하면서 접한 만卍 자는 놀라움의 연속이었다.

인도에서는 힌두 사원이나 자이나교 사원뿐만이 아닌 시크교도까지도 집집마다 대문이나 신상 밑이나 곳곳에 이 만卍자를 그려 놓고 있었다. 알고 보니 만卍 자는 이미 고대 인도의 종교, 철학, 유구한 역사, 문화에서 두루 나타나는 상서로운 무늬였다.

한국의 절에서만 쓰는 고유한 글자가 아닐 뿐만 아니라 의미상으로도 인도나 한국이나 상서로운 문양이라는 공통분모를 가지고 있었다. 그러다가 중국을 다니다 보니 불교 사원뿐만 아니라 인도에서처럼 곳곳에서 만卍 자 문양을 볼 수 있었다. 다만 인도에서 쓰는 모양과는 차이가 있어서, 만卍 자가 오

190

른쪽으로 구부러지는 우만右卍이 아닌 왼쪽으로 그려진다는 점에서 이것을 좌만左卍이라고 새긴다.

이 만 자 문양은 부처님의 덕德과 길상吉祥을 나타낸다. 그러나 대승불교 지역에서만 쓰이고 남방의 근본불교에서는 쓰이지 않는 것으로 알고 있다.

행운과 길상의 의미를 지니는 이 문양이 유구한 역사와 함께 쓰여 왔음을 알게 되었다. 심지어 오랜 역사의 유대교에서뿐만이 아닌, 그리스에서 출토되는 유물에서도 만卍 자 문양이 발견되고 있다. 더 나아가 회교도 이슬람에서까지 쓰이고 있다.

파키스탄 모헨조다로Mohenjodaro 유적을 보고, 박물관에서 이 만卍 자를 보면서 또 한 번 놀랐다. 흙 도장으로 쓰였나 본데, 전시관 유물에서 볼 수 있었다. 인류 4대문명의 발상지인 인더스 강 유역에서 이미 오천 년 전에 이 만 자를 사용했던 것이다. 후에 찾아간 중부 파키스탄의 라호르 근처 하랍빠Harappa 유적지에서도 이 문양을 쓰고 있음을 알게 되었다. 필자는 전문 사학자가 아니며, 단순히 여행과 호기심으로 옛 유적을 둘러보다가 우연하게도 눈에 띈 게 바로 이 만 자였다.

만 자는 산스크리트어로는 스바스티까Svastika라고 불리며, 영어표기는 스와스티카Swastika다. 훗날 알고 보니, 이 문양은 인도를 중심으로 페르시아, 그리스, 또 멀리는 아프리카 소수 부족들과 아메리카의 원주민들까지 널리 사용해 왔다고 한다.

몇 해 전 동유럽을 둘러보면서 초장기의 기독교 교회 발굴 현장을 우연히 가보게 되었다. 마케도니아 오흐리드Ohrid 호수의 전망 좋은 언덕배기였다. 4세기에 건축된 초기 교회라고 했다. 정식 이름은 스웨띠 클리멘트 판테레즈몬Sveti Kliment Pantelejmon이라고 쓰여 있었는데, 우리말로 풀어쓰면 "성 클레멘스 기념 신전" 정도가 되겠다.

교회사에서 클레멘스(활동연대는 대략 30~110년)는 초기 기독교 순교자로서, 어느 기독교 나라에서나 이분을 성인으로 추앙하여 곳곳에 성 클레멘스라는 이름의 교회가 많다. 특히 로마 가톨릭이 아닌 러시아 정교회 국가에서 더욱 클레멘스라는 이름을 딴 성당이 많은 것을 여행 중에 알게 되었다.

교회 터는 천 년이 넘는 세월이 흐르는 동안 땅속에 묻히게 되었는데, 교회 바닥이 모자이크로 예쁘게 되어 있으며, 중간

마케도니아 오흐리드 호숫가 초창기 교회 바닥의 모자이크 문양

중간에 여러 가지 동물, 화초 등의 문양이 정성스럽게 만들어져 있었다. 놀랍게도, 여기에도 모자이크 바닥에 십자가와 함께 바로 만卐 자가 나란히 새겨져 있는 것이었다. 이걸 어떻게 설명해야 될까. 필자로선 참으로 감동적이었다. 만 자가 변해서 훗날의 십자가가 되었는지 필자의 지식으로는 헤아릴 수가 없다.

사실 십자가는 기독교의 상징이자 예수님의 고난을 상징하는 것이 아닌가. 그런데 이 절 만卐 자가 종교를 떠나 동서양에서 상서로운 문자로 공통으로 쓰여졌다는 사실은, 필자가 여행 중에 우연히 얻은 뜻밖의 즐거움이었다.

발굴 현장인 옛 교회 터 옆에는 새로 지은 성당이 있었는데 마침 신부님을 만나 얘기를 나눌 수 있었다. 그러나 그 신부도 왜 이 만 자가 초기 교회에서 쓰였는지는 답을 하지 못했다.

이러저러한 뜻밖의 경험을 쌓으며 여행을 하다가, 이후 우

발굴 현장 아래쪽에 새로
지은 정교회 성당

193

크라이나 수도 키에프 성 소피아 대성당에 갔을 때였다. 여기서 또 한 번 충격적인 성화를 보게 되었다. 벽화인데, 성인들 위쪽에 십자가와 함께 뚜렷하게 만 자를 그려 놓은 게 있었다. 결국 이 만 자는 초기 기독교에서 상서로운 문양으로 쓰고 있었음을 확인할 수 있었다.

사실 이 성당을 참배한 이유는 이랬다. 우크라이나는 드넓은 평야뿐 산이라고 할 수 있는 게 없다. 수도사는 기도와 침묵 속에서 순결과 청빈을 생명으로 하며 그리스도를 닮아가는, 고귀하며 숭고한 수행자이다. 초기 수도사들은 스스로 깊은 산 속, 아니면 저 멀리 사막에 나가서 오직 침묵 속에서 기도와 노동으로 자신들의 신을 찾고 신과 하나가 되기를 바랐다.

그런데 이 나라에는 산도 사막도 없다. 그리하여 침묵 속에서 고귀한 영성을 갖추고자 생각해 낸 것이 땅속으로 파고들어가 자신들의 기도처, 자신들만의 수행 공간을 만들어 내는 것이었다. 실제 이 큰 성당의 지하에는 당시의 수행 공간이었던 방들이 그대로 보존되어 있었다.

이들은 희미한 빛 아래서 최소한의 음식으로 절대 고독 속에서 신과의 합일union을 추구했던 것이다. 더욱 성스러운 것은 고독 속에서 기도의 삶으로 살다가 죽은 수도자의 시신을 좁은 공간에 그대로 모셔둔 것이었다.

나는 그곳에 선 순간 나도 모르게 합장 배례하며 그 자리에 마냥 서 있었다. 꽤 많은 수도사들의 미라가 모셔져 있었는데 전혀 두렵거나 하지 않았고, 다만 무한한 경외심에 숙연해졌을 뿐이다.

지하로 내려가기 전에 주의사항이라며 사진을 찍지 말라는 안내 수도자의 말이 있기도 했지만, 감히 사진이라도 한 장 찍어보겠다는 얄팍한 생각 따위는 일어나지도 않았다. 지금도 그렇듯 성스러운 성당을 참배한 것에 감사하며, 숭고한 사상과 수행의 역사가 이어지기를 바라는 마음 간절하다.

동서양의 정신사적인, 또 종교적인 발상이 어쩌면 이리도 비슷한지, 티베트 불교 고행 수행자들의 폐관 수행이나 1,000일 무문관 수행이 똑같은 수행문화가 아니던가. 필자는 인류 정신사에 이러한 수행 전통이 반드시 이어져야만 한다고 주장한다. 이 세상에 태어나서 한 번 해볼 만한 최고의 가치와 절대 시간이라고 믿는다.

마케도니아의 수도는 스코피에Skopje라고 불리는데, 뜻밖에도 돌아가신 마더 데레사 수녀님이 태어난 고향이었다. 사전 정보 없이 수도에 들어갔다가 횡재를 만난 격이었다. 당연히 기념관을 참배했고, 1987년 처음 캘커타에서 뵈었을 때의 영적인 순간을 떠올리기도 했다. 적어도 필자가 이 지구상에서 만난 여성 성직자로서는 최고의 성녀임을 확신한다. 처음 만

우크라이나 키예프
성 소피아 대성당의
벽화

난 순간의 영적인 체험을 감히 언설로는 표현할 수가 없다.

작년 봄 파리의 루브르 박물관 이집트 유물 전시실에서 또 한 번 소스라치게 놀랐다. 이미 고대 사회에서 지역을 불문하고 만卍 자를 쓰고 있었다는 증거가 한 인물 토기 상에 선명한 문양으로 그려져 있는 것을 보게 되었다. 이전에도 두 번이나 이 박물관을 둘러봤었는데 그때는 왜 이걸 못 봤을까 싶었다. 이렇듯 만 자 문양이 세계 곳곳에서 오랜 옛날부터 사용되어 왔다는 것을 다시 확인하는 순간이었다.

그런데 요즘엔 이 상서로운 무늬가 상업화의 소재가 되어 엉뚱한 곳에 쓰이고 있는 것 같다. 돈이 되는 것인지는 몰라도 반지나 목걸이, 시계 등등 장삿속 물건에 새겨져 유통되는 신세로 전락해 버렸다. 이런 걸 지니면 행운이 오고 사업도 잘된다는 등등…, 하긴 종교도 이미 상품화가 된 마당에 이까짓 문양의 장삿속인들 말해 뭐하겠는가.

때 되면 행해지는 모든 신전의 종교행사는 이미 매너리즘에 빠져 버려 영혼 없는 형식만 남은 껍데기에 불과하지 않은가. 종교 의식에서 헌신과 청빈의 정신은 이미 떠나버렸으니 세속화가 계속될 것은 자명한 일이다.

그리고 성직자라는 이들의 다수는 경전의 문자적 의미에만 복종하여 자신의 팔다리를 기계적으로 놀리며 판에 박은 말만 반복할 뿐이다. 진리의 샘에 들어가서 그 맑은 생명수의 맛을 경험해 보지 못한다면 일생 헛짓만 하다가 귀하게 받은 이 몸과 시간을 허비해 버리는 꼴이 되지 않겠는가.

수행자는 자신이 선택한 가난이 수행의 바탕이 되지 않는 한 어떤 정신적인 성취도 기대할 수 없다. 수행자는 오로지 청빈 속에서만 정화되는 것이고, 정화되지 않은 자에게 진리의 완성이란 아득히 멀기 때문이다.

저자 _ 청전 스님

1953년 태어나다.

1972년 전주교육대학에 재학 중 10월 유신 선포 때 학교를 그만두다.

1977년 가톨릭대학 3학년 자퇴 후 송광사에 출가하다.

1978년 구산선사로부터 사미계를, 1979년 비구계를 수지하다.

1979년 지리산 백장암 동안거 이래 1986년 망월사까지, 제방선원에서 안거를 성만하다.

1987년 동남아불교를 순례 중 달라이 라마, 마더 테레사 외에 많은 선지식을 탐방하다.

1988년 이래 2018년까지 한자리 다람살라에서 달라이 라마와 함께 31년 동안 티베트불교를 수학하다.

2000년부터 히말라야 라닥 및 스피티 오지 곰빠(사원), 학교, 마을 등에 봉사활동을 해오고 있으며, 2015년 만해대상을 수상(실천분야)하다.

2018년 12월 한국에 돌아와 강원도 영월의 참캉(수행터)에 정착하다.

티베트 원전에서 『입보리행론』, 『람림(보리도차제광론)』, 『성 천수천안 관정 의식집』을 우리말로 옮기고, 저서로 『달라이라마와 함께 지낸 20년』, 『나는 걷는다 붓다와 함께』, 『당신을 만난 건 축복입니다』 등을 펴내다.

안녕, 다람살라

초판 1쇄 발행 2020년 1월 10일 | **초판 2쇄 발행** 2020년 12월 10일
지은이 청전 | **펴낸이** 김시열
펴낸곳 도서출판 운주사

(02832) 서울시 성북구 동소문로 67-1 성심빌딩 3층
전화 (02) 926-8361 | 팩스 0505-115-8361
ISBN 978-89-5746-584-4 03220   값 14,000원
http://cafe.daum.net/unjubooks 〈다음카페: 도서출판 운주사〉